Совершенствование своей сферы любовной энергии

Шям Мехта

Нашли Вы кого-то близкого, которого будете любить всегда?

Счастливы ли Вы с Вашим партнером, насколько это возможно?

Ответом на эти вопросы будет нет.

Шям Мехта, Центр Любящего Сердца
www.lovingheartcentre.net

Шям Мехта, 1952 – 2009
Совершенствование своей сферы любовной энергии

Том 9, Собрание Центра Любящего Сердца

ISBN 1-4121-5169-4

Электронная почта: love@lovingheartcentre.net
Наш адрес в Интернет:
www.lovingheartcentre.net

Мои работы

Я написал 42 книг, которые приведены ниже. Каждое слово во всех книгах пришло непосредственно от Бога Шри Кришна. Но современному западному уму эти книги часто не по вкусу. То что в них говорится кажется иногда смешным. Иногда абсурдным. Но если каждую фразу внимательно рассмотреть медитативным путём, можно набрать багаж правды, который поможет вам в жизни. Например, если взять мою книгу «Совершенствование своей сферы эмоциональной энергии», и просто смотреть в течение 3 минут на мою картину, представленную на обложке, то волнение вашей эмоциональной энергии (после того, как вы были расстроены, грубость, злость и т.п.) будет излечено. Я не думаю, что в чём-нибудь ошибся, передавая то, что сказал мой Бог.

Что представляет сегодня западный мир? Весь мир сегодня западный. Так что, когда я говорю «предвзятый западный ум», я рискую изменять весь мир. Таково моё внутреннее существо или существо Бога. Хотя в этом проекте Он кажется делает доброе дело.

Книга шуток (A Book of Jokes), ISBN: 978-1-4092-9071-1

Приятные, не сексуальные и не расистские шутки.

Руководство мужчины по достижению любви и счастья (A Man' s Guide to Developing Love and Happiness), ISBN: 1-4121-5210-0

Я показываю и мужчинам и женщинам, что счастливую жизнь можно вести более спокойным путём, чем вам кажется.

Астрология и анализ снов (Astrology and Dream Analysis), ISBN: 978-1-4092-9024-7

Ваше астрологическое число. Послания из ваших снов. Система Аллаха.

Моя автобиография (Autobiography of me), ISBN: 978-1-4092-8654-7

Кто я действительно такой.

Христианство (Christianity), ISBN: 978-1-4092-9112-1

Почему всё зло мира начинается отсюда. Почему это сейчас уже история.

Экономика (Economics), ISBN: 978-1-4092-9137-4

Оригинальный практический взгляд на эту старую «науку».

Заключительные размышления (Final Thoughts), ISBN: 978-1-4092-8953-1

Здесь подытоживаются наиболее практичные из всех мудрых идей, которые необходимы, чтобы вести здоровую, счастливую, заполненную радостной любовью жизнь.

Будущий мир (Future World), ISBN: 978-1-4092-9058-2

Какова разумная оценка главных факторов, которые будут влиять на вас в течение следующих 20 лет?

Бог (God), ISBN: 978-1-4092-8918-0

Предсказания. Решать следует вам.

Здоровье (Health), ISBN: 978-1-4092-9052-0

Что такое «делать». Что делать. Что не делать.

Как учить своего ребёнка английскому языку (How to Teach Your Child English), ISBN: 978-1-4092-9135-0

Лучший метод.

Как учить своего ребёнка общим знаниям (How to Teach Your Child General Knowledge), ISBN: 978-1-4092-9104-6

Большая часть из того, что он учит, ему не требуется. Здесь говорится о том, что ему требуется.

Как учить своего ребёнка математике (How to Teach Your Child Maths), ISBN: 978-1-4092-9103-9

Полный курс математики, простым образом изложенный математиком.

Набор инструментов человека для самоанализа (Human Being Self Analysis Kit), ISBN: 1-4121-5380-8

Насколько хорошо работают ваши половые органы, тело, эмоциональный центр и ум?

Индийский брак (Indian Marriage), ISBN: 1-4121-5321-2

Как достичь долговременного счастливого супружества?

Индийская философия и религия (Indian Philosophy and Religion), ISBN: 1-4121-5211-9

Индийская философия помогает достичь цели в жизни.

Уроки от животных (Lessons from Animals), ISBN: 978-1-4092-8897-8

Ваша иммунная система серьёзно повреждена. Почему это не происходит у диких животных?

Естественная медицина (Natural Medicine), ISBN : 1-4121-4384-0

Что вам поможет, а что – нет.

Оксфордский университет (Oxford University), ISBN: 978-1-4092-9098-8

В этом мире только швейцарские университеты могут быть хуже. Почему важно это знать.

Люди без одежды (People with no Clothes), ISBN: 1-4121-5365-4

Почему Бангалоре, Индия, является местом, которое существовало 50.000 лет назад.
Сколько у них было детей?
Где сегодня люди без одежды?

Совершенствование своей сферы эмоциональной энергии (Perfecting Your Emotional Energy Sphere), ISBN: 1-4121-5164-3

Вам требуется справиться с корневой причиной, единственной эмоциональной болезнью, которая пагубно действует на вас.

Совершенствование своей сферы энергии любви (Perfecting Your Love Energy Sphere), ISBN: 1-4121-5169-4

Любовь необходимо искать. В эту эпоху она не падает с неба. Она требует и усилий, и времени.

Совершенствование своей сферы умственной энергии (Perfecting Your Mental Energy Sphere), ISBN: 1-4121-5165-1

Совершенный ум поглощает информацию, которая вам нужна, беспристрастно её анализирует и затем принимает решение.

Совершенствование своей сферы физической энергии (Perfecting Your Physical Energy Sphere), ISBN: 1-4121-5167-8

Является ли ваше тело сильным здоровым и находится ли в хорошей форме? Довольны ли вы состоянием своего тела?

Совершенствование своей сферы сексуальной энергии (Perfecting Your Sexual Energy Sphere), ISBN: 1-4121-5163-5

Вам требуется активная половая жизнь со своим супружеским партнёром. Какие шаги необходимо предпринять, чтобы достичь этого?

Поэмы и песни (Poems and Songs), ISBN : 978-1-4092-8831-2

Поэзия – это проза, которая звучит в рифму. Здесь несколько красивых поэм и песен.

Физика (Physics), ISBN: 978-1-4092-9114-5

Абсурд в современной физике. Настоящие законы физики.

Наука (Science), ISBN: 1-4121-5235-6

Новые отрасли науки, предназначенные помочь миру.

Шримад Бхагавад Гита и комментарий (Shrîmad Bhagavad Gîtå and Commentary), ISBN: 978-1-4092-8758-2

Забудьте о других переводах и комментариях. Этот перевод предназначен для вас.

Духовное и религиозное путешествие (Spiritual and Religious Journey), ISBN: 1-4121-5206-2

Все ваши энергетические сферы должны быть удовлетворены. Необходимо начать со своей сексуальной энергии.

Рассказы для детей (Stories for Children), ISBN: 978-1-4092-8990-6

Занимательные рассказы, которые заставляют забыть о телевизоре, компьютерах и других ужасах современности.

108 голов Господа Патанджали (The 108 Heads of Lord Patanjali), ISBN: 1-4121-5160-0

Пользуясь простой математической логикой, я показываю, что Йога-Сутры представляют собой ловушку для учёных.

Восемь священных писаний Индии (The Eight Sacred Texts of India), ISBN: 1-4121-5162-7

Я показываю, что писания были тщательно продуманы, чтобы впечатлить и воздействовать на персидских правителей Индии.

История Мира (The History of the World), ISBN: 1-4121-5166-X

С самого начала Вселенной для всей её истории присутствует единственная причина.

Психология разума (The Psychology of the Mind) , ISBN: 978-1-4092-9042-1

Господин западный психолог, неужели основа моего разума подобна основе разума Ейнштейна или Сталина? Он не знает. В этой книге я представляю оригинальные идеи о том, как вы можете познать себя.

Западная философия (Western Philosophy), ISBN: 1-4121-5207-0

Я подытоживаю, что это такое.

Что следует знать мужчинам о христианских женщинах (What Men Should Know about Christian Women), ISBN: 1-4121-5450-2
Два типа женщин. Обоим типам женщин требуется любовь. Эта книга рассказывает, как любить женщину одного из этих типов.
Что делать со свиным гриппом и другое (What to do about Swine Flu and Other Matters), ISBN 978-1-4092-9077-3
У меня есть противоядие.
Обнажённая женщина (Women laid bare), ISBN: 978-1-4092-8960-9
Предназначение женщин. Их функциональность. Их композиция(и).
Йога (Yoga), ISBN: 1-4121-5161-9
Упражнения йогой, дыхательные упражнения и медитация несут много вредных эффектов.
Йога: по Айенгару, Часть II (Yoga: The Iyengar Way, Part II), ISBN: 978-1-4092-9089-6
Что такое позы, и когда их нужно принимать.
Вы сами и ваш ум (Your Self and Mind), ISBN: 1-4121-5208-9
Сегодня и сам человек и его ум работают неправильно. Я объясняю как можно помочь себе.

Эти книги можно приобрести у большинства книготорговцев. Книги изданы на английском языке и готовятся к изданию на арабском, бенгальском, китайском, мандаринском, французском, немецком, итальянском, португальском, русском и испанском языках.

Многие из моих картин представлены на моём вэб-сайте:
www.lovingheartcentre.net/MyPaintings.htm

Я написал также много статей для развития понимания экономики и финансов, среди которых:

«Экономика» («Economics»), которая разбивает саму основу всей западной экономической науки и предлагает вместо неё разумную теорию.

«Стоимость акции» («The Value of a Share»), которая объясняет, как можно оценить финансовые или другие средства и показывает, что это нельзя сделать, применяя современная науку о финансах.

«Цена раздраженности» (The Price of Annoyance»), которая объясняет, что происходит в окружающем вас мире.

«Справедливая стоимость пенсии» («Fair Value of a Pension»), которая показывает, сколько стоит ваша пенсия.

«Цена женщины» («The Price of a Woman»), которая поясняет, сколько им нужно платить за секс и отсутствие ссор.

Предисловие

Любовь необходимо искать . В наше время она не падает вам манной небесной. Кроме этого, чтобы любовь развить, необходимы, усилия и время. Вы обманываете себя, если думаете, что можно просто встретить привлекательного сильного мужчину или красивую девушку и полюбить его или её. У вас будет эмоциональная привязка, объединённая с интимными отношениями (очень желанными интимными отношениями). При такой любви сегодня вы будете вместе, а завтра он или она может уйти.

Что вам нужно, так это найти кого-то, о ком бы вы могли заботиться, с кем бы вы могли проводить время. Когда вы заботитесь друг о друге, у вас возникает необходимость в приятных половых отношениях. Если спокойно оцените такие отношения, вы будете видеть, подходите ли вы друг другу.

Если это так, это все ещё не означает, что появится любовь. Теперь вам необходимо заключить формальное соглашение между собой касательно того, чем каждый из вас будет заниматься, чтобы делать другого счастливым.

Примерно через год успешного дарения друг другу счастья к вам придёт любовь.

Вот типичное письмо от женщины мужчине, с которым она хочет встречаться:

“Привет!

У меня все отлично. Как у тебя дела? Ты ездишь по делам или для удовольствия? Было бы приятно с тобой встретиться. Мой номер XX. Счастливого пути. Погода здесь довольно хорошая, даже лучше, чем обычно бывает в это время года. Надеюсь, что она будет оставаться такой подольше.

С наилучшими пожеланиями,

YY”

Вам повезет, если вы найдете в этом мире женщину, которая может написать более тактичное письмо. Когда вы начинаете встречаться ваши ожидания по шкале от 0 до 100 оцениваются примерно в 1%.

Шям Мехта, Центр Любящего Сердца
www.lovingheartcentre.net

Современный ученые считают, что не только люди имеют сердца:
"Мыши поют ради любви", - говорит нейробиолог Вашингтонского университета. *"Ультразвуковые чирикания особей мужского пола представляют собой песни, что позволяет мышам присоединиться к китам, летучим мышам, насекомым и птицам в избранном клубе животных".*
(Газета Публичной научной библиотеки, биология).

Другие ученые с готовностью соглашаются:

"Я бы никогда не ожидал этого от мышей", - сказал эколог-бихевиорист Массачусеттского университета Джефф Подос в электронном письме после прослушивания мышиных песен. *"Я согласен, что они достаточно сложны, чтобы называться песнями. Потрясающе!"*

Какой ученый хоть что-нибудь знает о любви? Наука занимается абстрактными измерениями частот и тенденций хаотичного движения молекул. Ученый не может объяснить любовь, потому что ученых интересует работа сознания. Они не понимают, что насекомые – это не животные, не говоря уже о том, что как можно по графику на экране компьютера определить, что звук представляет собой песню. Им определённо нужно жениться на мышах.

Это противоположно тому, что вам требуется для любви. Для брака вы выбираете мужчину, или женщину, в зависимости от своего вкуса.

Шям Мехта

Центр Любящего Сердца

www.lovingheartcentre.net

13 января 2006

Введение

Вы ошибаетесь, если считаете, что в этом мире вы не одни. Если вы не даете своей жене достаточно того, что она хочет, она вас бросит.

Мы живем в материалистическом мире. Ваш мозг вычисляет «за» и «против». У вас нет настоящих друзей.
Поскольку мы живем головой (в противоположность душе, ***прим. пер.***), мы не замечаем этого. Мы обмениваемся рукопожатиями и думаем, что мы друзья.

Именно вашей душе (её ещё называют духом или естеством) требуется не быть в одиночестве. Однако она изолирована. Вы об этом даже не думаете.

Результат того, что вы, ваша душа находитесь в одиночестве - вы никогда не сможете быть счастливы.

Вы смотрите фильм, который "любите". Это не есть счастье. Вы находитесь со своим партнером и смотрите с любовью в его, или ее, глаза. Это тоже не является счастьем. Что происходит, так это то, что вы эмоционально привязаны (заботитесь друг о друге), физически близки (увлечены друг другом) и сексуально привлечены (в близких отношениях).

Эти три компонента - отправная точка для развития любви и счастья.

Когда приходит счастье, оно сочится из каждой поры вашей кожи. Это не эмоция, которая то греет, то остужает. Эмоции исходят из чакры (энергетического центра) сурья , солнечной чакры. Сейчас солнце здесь, в следующий момент его нет. Круговое движение и солнца, и эмоций имеет короткий цикл.

Любовь появляется из чакры сома, лунной чакры. Чтобы она появилась, требуется время, и опять-таки требуется время, чтобы она ушла. Она движется по орбите длинными циклами. Луна сильнее солнца. Она ближе к вам, чем солнце.

Вы счастливы, если не одиноки. Когда вы одиноки, вы не счастливы. Сегодня мир в плохой форме. Счастливых людей нет. Все одиноки. Никто не испытывает любви.

В этой книге я показываю, как вы можете внести удовлетворение в любовную сторону вашей жизни.

Глава 1: Традиционное индийское общество

Достойные упоминания черты этого общества, включают в себя следующие:

• Свобода детей играть друг с другом в деревне, без переживаний массивного вторжения в форме домашних заданий и напрягающих экзаменов и тестов.

• Близкий контакт родителей с ребенком, а также его контакт с бабушками и дедушками. Присматривали и за детьми, и за дедушками и бабушками.

• Жизнь в широком семейном кругу, позволяющая и детям и взрослым учиться находить компромиссы и ладить друг с другом во всём разнообразии взаимоотношений.

• Кастовая система, поощряющая отца обучить своего сына (а сына научиться) семейному делу.

• Дисциплина для ребенка в форме обучения уважению к старшим и особенно отношению к родителям и учителям с уважением, с которым относятся к Богу.

• Абсолютно честное и свободное от преступлений общество с малым количеством психических заболеваний и самоистязаний.

• Знание и максимально возможное соблюдение принципов ямы (этики): понимания хорошего и плохого.

• Широко распространенное поклонение Богу (нияма): религиозной дисциплины.

• Устремлённость значительной части общества к бхакти, любви к Богу и человечеству.

• Обучение каждого человека выполнять свои обязанности в жизни.

• Свободное и легкое, здоровое отношение к сексу, при котором половая жизнь ограничена брачными рамками, и исключен риск нанесения вреда женщине или ребенку.

• Отправление многих детей в семи- или восьмилетнем возрасте к духовному учителю ("гуру"), для получения общих знаний как о священных писаниях, так и искусствах и науках.

• До британской оккупации – богатое общество с сильной поддержкой искусств, наук, философии и религии.

• Личные, а не безличные взаимоотношений в каждом аспекте повседневной жизни.

• Браки, устроенные родителями во благо ребенка, для того чтобы он или она сформировали блаженные любящие и долговечные отношения.

• В значительной степени вегетарианское общество (организовано так, что вред живым существам был сведен до минимума), в котором продукты питания свободны от искусственных химических или других добавок, в котором тела людей свободны от западных медицинских вмешательств и лекарств, и которое ведёт экологически дружественный образ жизни.

Не все черты традиционного индийского общества могут быть непосредственно импортированы в современные условия, но они предлагают многое для семьи и сообщества имеющих такие же убеждения индивидов, которые желают слушать и учиться.

Глава 2: Жизнь в современном обществе

Мы стоим перед трагедией огромных масштабов: разрушается, помимо окружающей среды, сама сущность общества .

Маленьким детям нужна материнская и отцовская любовь, чтобы их энергетические поля не повреждались. Такая любовь включает физическое присутствие матери и отца, оба из которых должны быть способны дарить любовь. Позже в своем развитии детям также нужна любящая атмосфера в школе.

Дети получают недостаточно любви, поскольку матери все чаще работают, отцы часто работают далеко от дома, а школа создает все более формальную атмосферу (где с детьми обращаются как с учениками, а не с людьми) для изучения установленной государственной школьной программы. Дедушки и бабушки живут далеко от дома. Не соблюдаются ни яма, универсальные этические моральные принципы (что не делать), ни нияма, универсальные правила (что делать) философии йоги.

Их извращения могут перениматься от других детей (так же лишенных достаточной любви), из телевидения и Интернета. Родители часто не учат своих детей тому, как важно любить и помогать другим, лишают их формального и неформального влияния религии и не помогают им понять, как отличать хорошее от плохого.

Последствия этих изменений основы длительной жизнестойкости человеческого общества огромны. Дети вырастают, чтобы быть избалованными, себялюбивыми, эгоистичными и неспособными отдавать любовь. Отношения с другими людьми становятся безличными и управляются коммерческими соображениями. Страх Бога и любовь к Нему отсутствуют, как и надлежащее восприятие разницы между хорошим и плохим (знание вашей "дхармы", или обязанностей в каждый момент времени, отсутствует).

Результатом является повышение уровня преступности, самоистязания (такое как принятие наркотиков, курение, переедание и т.п.), одиночества (нуклеарные семьи (состоящие только из родителей и детей, ***прим. пер.***) и сопутствующие им проблемы, в особенности для детей, для бедных и пожилых людей), большое количество психических и эмоциональных болезней, недостаток заботы об окружающей среде и недостаток контакта со своей душой. Цивилизованное общество разрушается. Например, с увеличением количества психических болезней будет больше камикадзе (11 сентября 2001 г., или ситуация в Израиле - только два примера) или снайперов и поджигателей (пожары в Южной Калифорнии в конце 2003 г. стоили $1 млрд. или больше в потерях, не говоря уже про 26 жизней).

Глава 3: Что такое любовь?

Часто мужчина говорит, что он любит женщину или наоборот. Что это означает?

Это означает, что он испытывает эмоциональную привязанность к ней. Но эмоции изменчивы. Сегодня вы грустите, завтра – не грустите. То же происходит с эмоциональной привязанностью. Появись какие-либо трудности, привязанность умрет. Если женщина оставит его, он будет грустить относительно короткое время, возможно, час или два. Женщина точно так же. Он или она будет также страдать, и намного дольше, если окажется сейчас не только фактически одиноким(ой), а заметно одиноким(ой).

В настоящей любви, от сердца к сердцу, любовь остается. Она не умирает, если встречаются какие-то трудности. Если пару разлучает смерть или какой какой-то несчастливые случай, они оба будут грустить, но довольно долго, например, год. Пара, в которой живёт сердечная привязанность, не ссорится и не распадется. Ни у мужчины, ни у женщины в жизни не бывает больше, чем две сердечных любви. Чаще всего такая любовь бывает либо один раз либо никогда.

Самое важное, что нужно понять - это что любовь находится вне вашего управления. Это Бог дает вам любовь к кому-то и дает ему или ей любовь. к вам. Это Бог забирает ее от вас, если Он так пожелает.

Поэтому вы попусту тратите время, если считаете, что со свадьбой должны подождать, пока вы не полюбите его или она не полюбит вас.

Когда вы встречаете кого-то, присутствует определенная свежесть, определенные добрые намерения. Эти два аспекта исчезают со временем. Чем дольше вы откладываете совместную жизнь, совместную половую жизнь и брак, тем меньше вероятность, что вы оба будете счастливы.

В наши дни все ходят в школу и заняты. Вас учат все время думать. Но для любви требуется сердечная связь. При современном образовании такую сердечную связь между мужчиной и женщиной встретишь редко. Даже если они говорят, что они любят друг друга, даже если существует эмоциональная связь, настоящей любви нет.

При первых признаках трудностей они расстанутся. Так и происходит, большинство браков заканчиваются разводом. Брак, который начался в 1900 г., имел 95% шансов выжить. Брак, который начался в 1950 г., имел 90% шансов на "успех". Брак 2000 года имеет только 40% шансов, что пара останется вместе до кончины. Просто оставаться вместе – это ещё не успех.

Ваша сфера любовной энергии касается любви к вашему супружескому партнёру, а не к кому-либо еще. Когда вы любите и ваша сфера любовной энергии взаимодействует с ним или с ней, тогда эта любовь не умрет никогда. Если любовь потом перерастает в настоящую любовь, вы получаете такое удовольствие, что вы не можете этому поверить, находитесь ли вы со своим любимым или без него. Если вы не испытали этого, тогда вы не поймете меня.

Любовь обычно начинается с эмоциональной привязанности и тогда, когда она очень сильная, она переходит в сердечную привязанность. Эмоциональная любовь имеет три компонента: забота, ласка и нежность. Каждый из них должен побуждаться. Вам необходимо делать все возможное, чтобы развивать каждую из этих характеристик по отношению к человеку, с которым вы хотите быть, чтобы однажды Бог ниспослал вам сердечную любовь к этому человеку.

Глава 4: Что такое ваша сфера любовной энергии?

Это ваше собрание мыслей и чувств по отношению к своему супружескому партнёру: человеку, с которым вы состоите в браке. В традиционном обществе дети были на самом деле в браке со своими родителями (отец и сын, мать и дочь). Они сделали бы все для своих родителей. Это настоящее действительное значение брака: единственный человек, для которого вы сделаете все. У вас нет двух начальников.

Любовь к своему супружескому партнёру не появится без первоначальной радости жизни, которая идёт из Кундалини. Кундалини - это ваша духовная энергия, живущая в чакре Муладхара в самом основании позвоночника. Радость жизни - это положительная сексуальная энергия, которую вам дает он, или она. В случае ребенка положительная сексуальная энергия была дана ему или ей во время зачатия.

Кроме того, любовь, Кундалини (духовная энергия) и божественная энергия даются вам Богом. Они не развиваются вами. Если вам дали любовь, вы можете отдать ее, то есть передать. Вы не испытаете настоящую любовь без духовного компонента вашего существования.

Энергия для любовной плоскости нашего существования исходит из чакр Манипурака и Анахата, расположенных соответственно возле пупка и духовного сердца (которое находится в физическом сердце). Чакра Манипурака - это энергия, присутствующая в вас, которая управляет любовью к природе. Чакра Анахата - это присутствующая в вас энергия, которая управляет любовью к другим.

В индийской философии эта энергетическая сфера, вместе со сферами сексуальной и эмоциональной энергии известна как коша Пранамая или оболочка жизненной силы.

Глава 5: Почему ваше поле любовной энергии остается маленьким?

Чтобы поле любовной энергии ребенка росло, ему необходима любовь родителей. В своём начале поле это здоровое, но маленькое. Особенно до 6-летнего возраста ребёнку необходима любовь матери, и с 6 до 15 лет мальчику необходима любовь отца, а девочке нужна любовь матери.

В современном мире родители слишком заняты, чтобы быть со своими детьми. Вместо 12 или больше часов контакта в день их может быть только три. И контакт по большей части болезненный для ребенка. Этого не делай, телевизор не смотри, съешь это, сиди тихо, сделай домашнее задание и т. д.. Ребенок не получает любви, ему перепадает всё более случайное устное общение.

Такое общение тоже редко бывает личным и близким, которое ребенок будет ценить. Его поле любовной энергии остается маленьким. Физический контакт также редок. Ребенка отсылают в школу (по большей части он совершает этот путь самостоятельно)) как можно скорее и на столько часов в день, на сколько это возможно. Если, к несчастью, приходят школьные каникулы, мы думаем о том, как бы отправить ребенка куда-то, например, в летний лагерь.

В возрасте 15 лет или около того он "влюбляется". Вместо того, чтобы порадоваться за ребенка, родители настроены против. Не делай этого. Не женись. Он или она недостаточно хороши для тебя. Тебе нужно сначала пойти в колледж. На первом месте должно быть выполнение домашних заданий, а не любовь. При всей такой отрицательной обратной связи любовь умирает.

Это умирание любви уменьшает уже и так небольшое поле любовной энергии. В следующий раз молодой взрослый человек намного более осторожен. Он не хочет снова испытать боль. В следующий раз он будет осторожен, когда встретит женщину, к которой, как ему будет казаться, его влечёт. Ему просит времени. Он все обдумывает. Чем дольше это продолжается, тем больше времени у них для споров. У него появляются мысли о том, что брак легким не будет.

Девочка также испытывает много боли. Она решает больше никогда не отдавать свое сердце, пока не будет абсолютно уверена, что его сердце принадлежит ей. Мальчик, конечно, не чувствует свое сердце (не плачь, ты ведешь себя как девочка…) и с раннего возраста приучен не отдавать свое сердце никому. Они оба погружаются в книги.

Глава 6: Причинение любви вреда

Есть только одно, что вредит вашей сфере любовной энергии. Это когда вы помогаете вашему супружескому партнёру, а он вас обижает.

Есть пять способов навредить мужчине или женщине, которые вас любят, а именно нарушить пять этических принципов ямы:

• нанести вред человеку, действиями, словами или мыслями.

• солгать

• уворовать, то есть взять имущества, любви или доброты больше, чем вы можете дать

• вступить в половую связь или развить сексуальную активность с другим человеком, или об этом думать

• расточительствовать или стяжать

Однако в современном браке вред наносится. Не нужно полагать, что только потому что женщина спорит или мужчина занимается сексом с другой, это её или его вина. Винить других - не очень правильный подход. Необходимо поправлять дела, а не искать виновных. Можно предоставить Богу беспокоиться о "другом", об ошибках других людей. Вам нужно исправлять свои собственные ошибки и свои собственные обстоятельства.

Влияние боли

Когда вы испытываете боль, все семь ваших энергетических сфер сокращаются, когда жизненная сила стекается в тело и помогает ему выздороветь.

Больше всего сокращается именно сфера любовной энергии. Эта энергия страдает от самого факта, что такое явление как боль может происходить. Вас перестаёт заботить, в той степени, в какой это было прежде, что происходит с другими людьми: 50- процентное уменьшение объема любовной энергетической сферы приводят к такому же уменьшению вашей заботы о других людях или любви к ним. Размер сферы любовной энергии прямо связан с количеством любви, которая есть у вас.

Поэтому всем нужно стремиться избегать причинять боль самому себе (например, занятиями спортом или малоприятным сексом) или испытывать боль от наружного источника. Точно так же вы не должны причинять боль своему партнеру, который является частью вас самих.

В то же время следует понимать, что современные лекарства и операции чрезвычайно вредны. Они создают риск появления позже в жизни даже более сильной боли в результате побочных эффектов: особенно от ущерба, нанесенного вашей нервной системе. В прошлом эти побочные эффекты не замечали. Но поскольку население страдает всё больше и больше от современного загрязнения окружающей среды, и поскольку медицинские вмешательства используются гораздо шире, чем раньше, ваша иммунная и другие системы сейчас намного слабее, чем они были, скажем, у предыдущих поколений.

Чтобы побочные эффекты медицинского вмешательства стали известны, всегда требуется время, обычно около 20 лет. И ещё 10 лет или около того прежде, чем они станут известны широким массам.

К тому времени, как вредные эффекты современного медицинского вмешательства станут известны, вам будет слишком поздно что-либо исправлять.

Глава 7: Создание любви

Есть три способа, которыми вы можете питать вашу сферу любовной энергии и заставить ее расти. Это даст вам возможность испытать любовь, если Бог того захочет. В прошлом существовал четвертый способ, любовь между мужчиной и женщиной появлялась естественно. Однако, времена изменились и этот путь к идеальному счастью не сегодня доступен.

1. Первый путь развить любовь в своём сердце лежит через то, что вы едите. Когда вы встречаете кого-то и хотите полюбить его или её, вам необходимо, если можете, сесть на молочную диету. Пейте два литра молока в день и ешьте что-нибудь сладкое. Молоко имеет все необходимые вам составляющие, но сахара – недостаточно для активной жизни.

Вам следует оставаться на этой диете на протяжении одного года и, если вы хотите, - дольше. Дополняйте её, когда вы чувствуете голод, время от времени добавками любой еды, которая вам нравится. Вы являете собой то, что принимаете в пищу. Если вы едите современные химические продукты, тогда это то, чем вы становитесь. Если вы пьёте молоко и йогурт (не сыр), тогда ваша природа меняется и легко развивается любовь. Это все равно ещё не идеально, потому что невозможно достать естественное молоко.

2. Второй подход состоит в служении Богу. В Индии традиционно мужчина служит своей общине. Удовлетворённый этим Бог, дает ему любовь. Эта любовь, если она встречает ответное служение его жены приводит к блаженству в браке.

3. Третий подход к развитию любви - отнестись к ней по деловому. Делайте это логично. Я буду говорить об этом пространно, потому что это важно, если вы хотите жить с кем-то счастливо.

Сегодня жизнь - это бизнес, торговля. Мы живем в материалистическом мире и вы обманываете себя, если действительно верите, что ваши отношения с мужчиной или женщиной начинаются из-за чего-то иного, чем из-за взаимной выгоды.

В современном мире, никто не придерживается устных договорённостей. Обещания помнят, если вообще помнят, в основном потому, что их нарушают.

Для развития между вами сердечной, а не просто эмоциональной любви, вы вместе должны составить письменное соглашение, которое вы оба обещаете выполнять.

В вашем соглашении должно быть написано всё, что вы обсудите и в чём придёте к согласию. Деньги, счастье, секс – всё, что вы решите. Время от времени вы можете пересматривать этот контракт и проверять, не требует ли он изменений. Например, кто-то может не выполнять своих обязательств сделки, или контракт может неточно отражать то, что каждому из вас необходимо для счастья.

Если вы не можете составить контракт, который подходил бы вам обоим, тогда стоит расстаться.

Смысл жизни в радости и счастье, а не в будничном существовании. Если вы старались изо всех сил, чтобы сделать вашего супружеского партнёра счастливым, но по какой-либо причине он или она не отвечает взаимностью, тогда необходимо либо развестись либо расстаться.

В этот момент может быть полезно рассмотреть институт брака.

Глядя на брак сегодня, можно понять, почему большинство молодых людей не хотят рано жениться или не хотят жениться вообще. В мире среди браков, которые начались после 1980 г, почти нет успешных.

Во-первых, необходимо знать, что брак ничего общего не имеет ни с церковной службой или венчанием, ни с обручальным кольцом или свидетельством о браке. Бракосочетание происходит естественно. Два человека женятся, когда мужчина входит в женщину естественным путем, и они будут женаты на протяжении всего времени, пока они оба заботятся друг о друге. Аналогично, только то, что у вас есть кусок бумаги, который объявляет вас мужем и женой, ещё не означает, что вы женаты, что вы есть муж и жена..

Почти всем нам важно состоять в браке с кем-то, кто заботится о нас. У вас двоих должны быть общие идеалы, вы должны ухаживать друг за другом, не вредить друг другу, иметь здоровое половое влечение и получать удовлетворение друг от друга и быть правдивыми друг с другом. Вам нужно взаимное уважение и верность.

Опять-таки, из-за этой проблемы торга, пока к женщине не придёт сердечная любовь, она хочет быть свободной для секса, иметь секс как и когда она этого захочет. Она думает, что она делает ему одолжение, занимаясь с ним сексом, и поэтому должна быть свободна не отдаваться ему, если, например, она расстроена. Такое отношение являет собой главную причину, почему большинство браков распадаются. Если мужчина или женщина хочет успешного брака, частью описанного выше контракта должно быть обязательство женщины каждый день быть инициатором секса.

Радость жизни идёт от половой жизни. Сфера сексуальной энергии - основная энергия во всех живых существах. Без секса никакой брак не будет успешным в смысле доставления счастья, исключением будет конечно, если мужчина и женщина уже любят друг друга. А любовь в наши дни и в нашу эпоху не существует. Для общего здоровья - физического, эмоционального, умственного и духовного - вам нужен секс. Следовательно, если вы не подходите друг другу в сексуальном плане, вместе вам быть не стоит., .

По современному браку можно видеть, что для типичной женщины в настоящее время счастливый брак находится далеко внизу в списке приоритетов. Поэтому, при наличии выбора никакая женщина не примет вышеназванные условия контракта. Мужчине необходимо подождать до 2007 года, когда мир изменится и счастливый брак снова обретёт приоритет у женщин.

Вместо этого мужчина может предложить несколько менее полезные, но все же позитивные условия контракта:

• Предложение следующее: Вы оба живете вместе, но каждый волен делать то, что ему пожелается. Если женщина хочет жить без оплаты жилья, тогда она соглашается оставаться с ним по крайней мере два года и в ночное время лежать с ним без одежды.

• Пара соглашается не кричать друг на друга и не спорить. Они также соглашаются не посягать на доходы или имущество другого.

Такое предложение даёт паре шанс жить вместе этично, мирно и без ссор. Вы можете спросить, зачем нужны эти договорные условия? Разве брак не просто любовь и естественность?

Все, что вам нужно сделать - это посмотреть вокруг себя и увидеть, что брак в своей традиционной форме больше не работает. В материалистическом мире, каждый привык думать о более выгодных условиях и пытаться их заполучить. Брак не является исключением.

Мой опыт показывает, что если вы хотите счастливого брака, то вам необходимо выработать условия, подобные тем, которые я предложил выше.

Глава 8: Роман

Прежде всего, необходимо понять, что, когда доходит до отношений друг с другом, оба, и мужчина, и женщина, имеют очень схожие цели. Они оба хотят:

• быть с кем-то противоположного пола

• мирного, счастливого времяпрепровождения

• физического контакта.

Проблема в том, что термин "роман" был извращен писателями с богатым воображением, часто с христианским взглядом на жизнь, которые в глубине верят, что тело женщины есть зло, что физический контакт представляет собой нечто плохое.

Поэтому действие обычно происходит там, где:

• либо мужчина не может видеть женщину должным образом - при свете свечи или луны

• или на пляже, где, вопреки воображению, большинство мужчин и женщин не любят вступать в близкие отношения.

• или за обеденным столом в ресторане, где мужчина платит за дорогую еду в обмен на желанную близость когда-нибудь позже.

Ясно, что это место действия, хотя оно может и соответствует воображению, не отвечает действительности того, что необходимо мужчине и женщине. Брак в своей основе не является сделкой, где мужчина отказывается от близких отношений, а женщина позже награждает его за это интимом.

Действительно романтичным местом является любое место, где мужчину и женщину не будут беспокоить, которое способствует покою и счастью. Ясно, что лучше всего будет дома, например, в спальне.

Мирным счастливым будет время, в течение которого и мужчина, и женщина могут ясно видеть друг друга, чтобы они могли ощущать счастье, и растраты должны быть малы, чтобы женщина не чувствовала себя проституткой. Тогда и мужчину не тревожит дороговизна романа с женщиной - они оба будут спокойны, находясь друг с другом. Традиционное западное место действия для романа - там, где мужчина платит много денег за дорогое путешествие или дорогой ресторан. Деньги и проституция - не то, что нужно для романа и любви.

Романтичным местом может быть кушетка, где они могут сидеть вместе, или кровать, где они могут сидеть или лежать вместе, не отвлекаемые блюдами или принятием пищи, громкой музыкой или посторонними людьми.

Теперь женщина может сказать: а мне нравится ужин при свечах или прогулка по берегу при луне. Избегание секса и интимности, наготы и т.д. - стандартный прием женщины, гарантирующий, что мужчина будет делать то, что она захочет и тогда получит надежду на вознаграждение. Счастливы ли вы, мужчина, быть с женщиной, которая стремится уйти от того, что вам обоим нужно - близости, покоя, счастья, интимности - и использовать это как оружие для обретения того, что она хочет?

Потребности у мужчин и женщин одинаковы. Основой любви в браке является удовлетворенное поле сексуальной энергии. Таким путем, вы оба можете испытать покой и любовь.

Глава 9: Что мужчины думают о женщинах

"Привет Шям,

СТРАШНЫЕ пророчества, но такие правдивые!

- Фил"

"Люди, это все на самом деле слова истины!!!!!!"

"Что касается меня, то Я ценю Вашу прямоту и честность, с какой Вы рассказали о своем личном опыте."

"Мне очень нравятся Ваши комментарии, они очень интересные".

Прожив некоторое время в Украине, я имел возможность узнать украинских и русских мужчин и женщин. Эта глава о красивых женщинах.

Для начала вы должны знать, что им не нравится:

• Когда им говорят, что делать.

• Когда им говорят, что не делать.

• Когда им говорят, что они не хорошие.

• Когда им говорят, что вы не хотите того, что они вам предлагают (секса, еды и т. п.)

• Отдавать что-либо из своего имущества.

Во-вторых, вы должны знать, что им действительно нравится:

• Лесть.

• Указывать вам, что делать.

• Указывать вам, чего не делать.

• Не давать вам то, что вы хотите.

• Давать вам советы, когда вы их об этом не просите.

• Секс.

• Деньги.

• Дорогая одежда и обувь.

• Дорогие рестораны.

• Салоны красоты.

• Ходить в кино.

• Заставлять мужчин ревновать.

• Заставлять женщин ревновать.

Это длинный список, есть также много другого, что особенно нравится русским женщинам.

В-третьих, вы должны знать, что ещё им не нравится:

• Ждать.

• Когда их просят уйти.

• Когда им говорят, что они не нужны.

В-четвертых, вы должны знать, к чему они не способны: :

• Дружить с мужчиной.

• Дружить с женщиной.

• Постоянно говорить правду.

• Воздерживаться от сплетен.

• Делать мужчину счастливым.

• Делать женщину несчастливой, если это делает мужчину счастливым.

Вы также должны знать, что все русские женщины имеют хотя бы одного врага: самих себя.

Во всех этих отношениях русские женщины очень похожи на женщин во всем мире.

Русские женщины импульсивны. Они действуют, под влиянием текущего момента, не думая. Они не владеют всеми доступными данными, которые им нужны, чтобы принять лучшее решение в своих интересах. Более того, они не обрабатывают доступные данные. Если они хотят оставить мужчину, они уйдут сразу, а не будут ждать до утра и мирно спать. Вместо этого они предпочтут ждать 16 часов на платформе. Они ненавидят ждать.

В некоторых этих аспектах они отличаются от женщин во всем мире. Если вы хотите жениться, всегда женитесь на русской или украинской женщине.

Конечно, много женщин хотя бы красивы. Это больше, чем может быть сказано о мужчинах.

В этом мире нужно быть реалистом. Необходимо оценивать и понимать правду ситуаций, а не то, что приятно слышать. Хороший мозг вам был Богом дан не для того, чтобы вы смотрели на мир в розовом свете и с фальшивым оптимизмом. Правильная, а не оптимистичная или пессимистичная оценка своей ситуации с мужчиной, или женщиной, с которым вы хотите вступить в брак, - вот то, что необходимо.

Глава 10: Разрушение женственности

У всех нас есть потенциал быть свободными от проклятий американских индейцев (и других), которых насиловали, и которым стреляли в спину англичане (и другие).

Как это началось? В общем-то, начала всегда будоражащие и неприятные, но правда есть правда. Начав эту статью, я движусь к более позитивной ноте.

В главе 2 стих 36, «Сутр йоги», мудрый Патанджали отмечает, что когда человек настроил себя внутри на правдивость, все, что он говорит, сбывается.

Теперь нам необходимо вернуться к традиционным обществам североамериканских индейцев или индийцев до вторжения исламских и христианских "людей Господних". В этих сообществах не было причин для неправдивости. Они поклонялись Солнцу ("Сурье"), луне и ветру. Абсолютная правдивость была нормой. Все, что говорил североамериканский индеец, сбывалось.

Итак, о чем думает женщина североамериканского племени, когда ее грубо насилуют «Господни» мужчины? Она думает о своем муже. Она думает о своей боли. В общем, ее мысли не приносят вреда миру.

Но как насчет ее мужа, который видит, как ее насилуют, а его детям стреляют в спину? Сначала он просит англичан прекратить. Он думает, что они люди. Через некоторое время, может быть, через день или, может, через год, это все зависит от него, его боль ломает все барьеры. Он говорит Богу Сурье: «Если я был верен тебе, пусть белый человек никогда не будет счастлив, пусть его женщины будут бесплодны следующие 1000 жизней.»

Я мог бы описать еще краше то, что произошло с миром, африканцами, инками, ирландцами от рук христиан. Если в ваших жилах не течет их кровь, когда вы думаете о них, тогда вы никогда не поймете.

Так или иначе, эта история была не просто об одном мужчине и его семье, а отвратительно повторялась снова и снова, снова и снова британцами, голландцами, португальцами, французами, бельгийцами, арабами, немцами, русскими, китайцами, японцами… Миллионы людей, семьей, которые жили мирно, правдиво, были разрушены. Их слова всегда будут истиной.

Пусть их слова всегда будут истиной.

Посмотрите вокруг себя на мир сегодня. Североамериканские индейцы давно исчезли, индийцы тоже. На их месте американцы. Сосредоточенные на деньгах, материализме и т. п. Весь мир быстро уничтожается автомобилями, войнами, загрязнением, эксплуатацией и т.д. К несчастью для некоторых, это только начало, есть еще 999 жизней впереди. Если вы никогда не испытывали, каково быть в руках англичан и «английских» индийцев и т. д., вы не знаете, что в момент гнева вы говорите то, о чем, оглядываясь на прошлое, вы позже пожалели бы или не пожалели.

Возможно, вы думаете, что "североамериканский индеец", которого сжигали заживо в своей хижине, должен был попросить Бога о несчастьях для своих мучителей только на одну жизнь. В общем, история есть история и то, что вы думаете по поводу того, что он должен был или не должен был просить этого, к делу отношения не имеет. Что бы он ни попросил у своего бога, сбудется.

От женщины происходит мужчина, и именно поэтому следовало вмешаться в сущность творения, чтобы можно было отомстить за страдания народов с традиционными религиями мира. Поэтому сейчас женщина запрограммирована говорить нет, спорить, портить потенциал брака с мужчиной и убивать мужское начало.

Хотя у некоторых мужчин, у некоторых женщин есть совесть, они скажут: «Подождите, я не хочу, чтобы было так. Давайте я буду молиться и обращусь к Богу, позвольте мне каким-нибудь образом послужить человечеству.

Никакой настоящий индиец, никакой настоящий американский индеец не скажет в свой смертный час: «Мой самый дорогой, уничтожь, пожалуйста, всех белых мужчин и всех белых женщин.»

Отныне мы все, мужчины и женщины, имеем возможность быть свободными от проклятий, которые были наложены на землю нашей Богини-матери.

Когда вы решите, что будете делать дальше, вы можете захотеть подумать также и про африканцев.

Пусть Богиня мать всегда будет счастлива.

В наши дни дети любят забывать. Мой отец и его друзья в действительности не поливали Вьетнам напалмом. Персы не рубили руки сотен тысячам индийцев. Англичане не отрезали большие пальцы рук, чтобы швейная промышленность Манчестера была более прибыльной. Они не стреляли в спину коренным жителям Америки и не бросали в море африканцев.

И вы привыкаете к крови и насилию, потому что видите их в порнографических фильмах (порнография - это насилие, не секс) и на каналах телевидения. На самом деле это не имеет значения. Это за пределами вашего видения. Это в прошлом. Вы смотрите один фильм со сценами насилия и после забываете. Вы смотрите другой порнографический фильм и затем это кажется весьма приятным.

Конечно, вы стараетесь, чтобы дети видели только "очищенное" насилие. Компьютерные игры в войну и тому подобное. Поэтому, когда они вырастут, они будут рады нажать кнопку и убить врага.

То, что это на самом деле значило для той самой женщины, что её изнасиловали, а детей её замучили и убили, больше не особым злом не является. После зрелища вы живете с ним две минуты. Она живет с ним 50 лет. Ужасная истощающая боль, каждый Божий день, до конца своей жизни.

Глава 11: Влияние любви

Любовь в сердце мужчины или женщины имеет огромное влияние на другие его или ее сферы материальной энергии. Он ухаживает за своим телом и чувствует себя при этом хорошо. Во время половой жизни удовлетворяется его сфера сексуальной энергии. Его эмоции успокаиваются. Ум его становится спокойным и счастливым. Не меняются только его или ее духовная и божественная энергетические сферы.

Хотя любовь не меняет количество счастья, которое суждено ему или ей, она побуждает принимать в жизни правильные решения. На правильные решения влияет в основном состояние вашего ума. Как только ваш ум испытал любовь и счастье, даже последующие трагедии, отрицательно воздействующие на ваши тело или сферу любовной энергии, сами не станут причиной плохих решений.

Обобщить действие любви лучше всего двумя словами: она прекрасна.

Каково влияние недостатка любви? Следующая таблица показывает современные тенденции в западном браке:

Счастье в браке		
Год свадьбы	Процент случаев, когда пара не распадается	Процент случаев, когда через 5 лет мужчина счастлив
1900	95%	70%
1950	90%	65%
1970	80%	50%
1980	70%	35%
1990	60%	15%
2000	40%	0%

Конечно, мужчин воспитывают не признаваться в том, что они несчастливы. Слезы не допустимы. Мужчины существуют, чтобы делать деньги.

Также существует разница между мужчиной и машиной. Машина делает то, что приказывает ее хозяин, но есть на самом деле ни счастлива, ни несчастлива. Он просто выполняет свое задание, свою работу. Кто является хозяином на самом деле, я анализирую в своей книге "Ваша душа и ум".

Сильно ли разнится эта таблица от страны к стране? Да. Некоторые страны отстают от времени. Живут например, в 1995 году, а не в 2005. Если вы в одной из таких стран, просто представляйте, что вы женаты на 10 лет больше, чем в действительности: другими словами, принимайте это так, как оно чувствуется, а не есть на самом деле.

Я не знаю ни одной страны, которая отстает от времени больше, чем на 10 лет. Вопреки тому, во что верят физики, перемещение во времени - реальность. Закройте глаза и помечтайте или посетите Вьетнам.

Почти для всех влияние любви – это академическая дискуссия. Самое большое, что вы можете делать - это давать любовь своим детям и своему супругу.

Но 10% населения ищет любовь. Нельзя сдаваться только потому, что встретились трудности.. Поэтому я и написал эту книгу.

Я считаю, что, если пытаться сделать невозможное, энергия приливает. Вкладывайте в эту попытку всю энергию на протяжении 6 месяцев. Потом отложите в сторону и поедьте куда-нибудь с кем-то приятным. Подождите еще два месяца и тогда начните снова. Чтобы ощутить действие любви, требуется много энергии. В проект, настолько близкий вашему сердцу, вы не можете вкладывать такую интенсивную энергию, не разбив его, дольше, чем 6 месяцев.

На плаву вас удерживает как раз настоящее знание действия любви. Не смотря на то, что любовь обрести и трудно, это знание нужно удерживать и не дать ему умереть. Если у вас есть муж или жена, вы должны делать все возможное, чтобы делать его или ее счастливыми. В таком случае в какой-то момент Бог может смягчиться и дать вам любовь.

Если вы относитесь к этим 10% населения, и если прекратите искать любовь, то не будете счастливы никогда. Так любовь действует на человека.

Если после нескольких попыток ваше сердце разбито, вот лучшее, что следует сделать. Или, может быть лучшее. Выработайте в себе покой, мудрость и тишину, а затем решите помогать всем добрым людям, которых вы встречаете, которым нужна и которые хотят помощи, чтобы стать счастливыми.

Подружитесь с ними и через несколько месяцев или лет искренней дружбы Бог даст Вам возможность помочь им. Однако друзей у вас меньше, чем вы думаете.

Это древнее индийское направление йоги, которое называется "карма-йогой", начало божественного путешествия, чтобы найти любовь к Богу.

Так действует недостаток любви.

Глава 12: Брачные клятвы

В настоящее время, мужчин и женщин часто считают «равными». Понятно, что эту главу я начинаю с трепетом!

Вселенная состоит из Бога, душ и материи. Человеческое существо объединяет душу, внутренняя сущность которой есть Бог, и связанную с ней материю – тело и ум. Каждый человек переживает многочисленные рождения, согласно его или ее потребностями в эволюции как духовного существа, и при последовательных рождениях пол человека меняется с мужского на женский и наоборот.

И хотя сами души в мужчине и женщине не отличаются, их тело и ум, созданные для служения душе, разные, соответственно разному роду переживаний, которые испытывает душа, когда она вселяется в тело мужчины и женщины. Вам, как душе, нужно пройти разные виды переживаний и, поэтому, при каждом рождении вы намеренно получаете другое тело и ум. Детали того, как происходит эта эволюция, определяются в разных древних индийских писаниях под общим названием «Закон кармы, причины и следствия».

С точки зрения тела и ума, мужчина и женщина не одинаковы, потому что потребность пройти жизнь имеет разные цели для мужчины и женщины. Главной целью не является воспроизведение потомства. Если бы вы существовали только, чтобы создать другого, который бы рождался, чтобы создать следующего и т. д., мир был бы нам чуждым.

Основная цель вашего существования - давать любовь Богу и служить Ему. Чтобы в полной мере служить и давать эту любовь, вам необходимо, кроме всего, прочего совершенствовать эти способности в своих брачных отношениях.

Женщина не стоит рангом ниже, не стоит рангом ниже и мужчина. Оба равны в указанном выше смысле, оба заслуживают равенства в любви, мнении, уважении и т.п., но, в то же время, перед ними стоят разные испытания, через которые нужно пройти и, в которых чему-то научиться, чтобы в дальнейшем, по мере продолжения своих жизней они могли научиться, как в будущем служить Богу.

В наше время обычно присутствуют прихоти и склонности. Кто-нибудь выдвигает политический или другой лозунг и в результате попираются традиционные верования и обычаи.

Древние провидцы Индии развили целостную структуру общества, специально созданную для максимума гармонии и счастья и создания среды, в которой каждый человек, мужчина и женщина, могли бы жить мирно и спокойно. Мужчины и женщины, имея свои разные роли (понятно, что я обобщаю) были счастливы. Несколько лет назад я измерял уровень счастья весьма большого числа пожилых индийцев, воспитанных в традиционных индийских семьях. Эти люди, мужчины и женщины, были намного счастливее почти всех, кого я встретил на Западе. Уровень счастья был действительно изумителен.

Сегодня мы видим семейные распри, проблемы с детьми, разводы и т. п. И женщины, и мужчины находятся в состоянии ужасного стресса на рабочем месте и дома.

С моей точки зрения, у вас есть выбор, хотите ли вы быть счастливы или хотите следовать текущим прихотям и притворяться, что потребности и обязанности мужчины и женщины одинаковы?

Это важная проблема. Если вы хотите жениться, хотите ли вы сделать максимально счастливыми своего мужа или жену, а также своих детей и себя? Если так, тогда вы не должны просто отвергнуть традиционную мудрость, которая так хорошо работала в Индии тысячи лет. С вторжением в Индию англичан в индийских браках появились неблагоприятные тенденции, но даже при этом для пар, которые женились более 40 лет назад, семейная жизнь, несмотря на бедность и т. п. была в общем блаженством.

Итак, чтобы быть поистине счастливым, вам необходимо выполнять свои обязанности, изложенные в древних индийских священных текстах, по отношению к своему супругу и своим детям. Бог устроил мир таким образом, что в общем вы приумножаете свое счастье, когда поступаете "правильно", когда выполняете свои обязанности.

Глава 13: Процесс любви

Прежде всего, следует знать, что любовь к другим относительна. Количество любви, которое вы имеете к кому-то, легче всего выражается в единицах того, насколько вы любите себя. Если, например, ваша любовь к себе составляет 100 единиц, тогда любовь к другому может быть выражена следующим образом:

Количество любви	**Значение**
0-100	Безразличие, где 0 - полное безразличие
100	Вы заботитесь о нём или ней также, как о себе
101	Небольшая любовь к нему или к ней
200 и выше+	Большая любовь к нему или к ней

Единственный путь увеличить вашу любовь к кому-то (или чему-то) - заботиться о нем или ней. Если вы предпринимаете шаги, чтобы ухаживать за этим человеком, через некоторое время он или она это оценит. В нужное время Бог ответит и одарит вас чувствами к нему или к ней (в отличие от вашего обращения на него, или неё, своего физического внимания). То есть, Он поменяет образ ваших мыслей.

Когда вы заботитесь о нем или ней, вы развиваете нежность и близкие отношения с ним или с ней. По мере роста этой заботы, нежности и интимных отношений, Бог несколько позже даст вам любовь к нему или к ней, в соответствии с вышеприведенной с таблицей.

Любовь – это деятельность сердечная. С развитием любви, ваше сердце излучает больше энергии. Для большинства из нас энергия локализована в области сердца.

Когда вы всецело любите человека, значит вы "отдали" ему или ей свое сердце. Вы можете сделать это только для одного человека (или Бога). Ваше сердце, в вашем разуме, принадлежит ему или ей. Этот посвящение своего сердца является частью процесса Ишвары Пранидханы (посвящения себя Богу и по аналогии, в случае женщины, своему мужу). Вторая составляющая - это всё, что вы делаете, делать для Бога, а третья - сосредотачивание самого ума только на том, чего хочет Бог.

Бог дает человеку в начале жизни много раз возможность ощутить эмоциональную любовь, чтобы память об этом жила и было стремление ощутить это ещё раз. Если любовь тронула ваш разум, то он переходит в возвышенное состояние, он счастлив, тих, не зависимо от того, что происходит вокруг вас. Такие ощущения требуют невинного спокойного разума, и поэтому это случается чаще у молодых людей, чем у пожилых.

Глава 14: Любит ли он, или она, вас?

Любит ли вас мужчина?

Следует различать увлечение и любовь. Для женщины самое важное найти мужа, который увлечен ею, а не только такого, который ее любит. Любовь приходит, если приходит, со временем, а увлечение даёт ей начало.

Увлечение - это желание видеть Ваше тело.

Признаком того, что мужчина вас любит, является его желание войти в вас, когда он находится с вами. А, если он не может войти в вас, он жаждет смотреть на ваше лицо.

Любит ли вас женщина?

Признаком увлечённой вами женщины является появление у неё желания, несмотря на ее врожденную скромность и застенчивость, проведя некоторое время рядом с вами, заняться с вами сексом. Она хочет быть с вами как можно дольше. Она хочет, чтобы вы ее целовали.

Любовь - это когда она хочет, чтобы вы были в ней. Она думает о том, что будет хорошо для вас, слушает вас и делает то, что вы хотите. Споры отсутствуют. Вы этого хотите – она это делает.

Глава 15: В конечном счете женщине нужно решить

Когда женщина встречает мужчину, она обычно пытается верховодить и верховодит им: ставит условия в их отношениях.

Обычно мужчины легко соглашаются. Большую часть времени они отвечают: "Хорошо". Чем приятнее и покладистее мужчина, тем больше женщина пытается воспользоваться его характером. Она организовывает отдых так, чтобы подходило ей. Она встречается с ним тогда, когда удобно ей. Она скрытна и на вопросы не отвечает честно. Если они расстаются, она пытается сделать ему больно, в то же время желая, чтобы он продолжил отношения на более низком уровне, и чтобы они остались друзьями.

В какой-то момент мужчина говорит: «Нет, хватит значит хватит. Я больше не хочу общаться с тобой.» В этот момент женщина понимает, что у нее есть два варианта: навсегда расстаться с ним или сдаться ровно настолько, чтобы смягчить его. В основе такого её решения лежит не логика: выбор её будет согласно тому, хочет ли Бог, чтобы отношения продолжались или нет.

Глава 16: Диета и любовь

Вы можете усилить свою любовь к кому-либо, изменив свою диету. Муж или жена точно так же может усилить любовь своей супружеской половины сильнее любить, поменяв его, или ее, диету.

Если можете, изменение должно заключаться в увеличении молочной составляющей вашей диеты. В идеале, все, что вы употребляете, должно быть молоком. Иногда вам необходимо будет дополнять это чем-то сладким.

Если вы ведете сидячий образ жизни и уровень метаболизма у вас низкий, вместо молока следует употреблять йогурт. Низкий уровень метаболизма означает, что вы легко набираете вес. Сыр в пищу включать не стоит.

Чем дольше находитесь на этой молочной диете, тем больше крепнет ваша любовь. С каждым месяцем нахождения на диете ваша любовь усиливается примерно на два процента. После преодоления 40-процентного любовного барьера (смотрите главу 21), эти изменения становятся необратимыми.

Однако особых причин уходить с молочной диеты нет. Она полезна для вас со многих сторон. Современные продукты питания искусственные. Вы думаете, что банан "натурален". Это не так. Почва, в которой растет дерево, пропитана современными химическими и искусственными загрязнителями. Пища в наши дни пользы вам не несёт.

Даже молоко современными компаниями искусственно обрабатывается (пастеризуется и гомогенизируется и т. д.) Но оно все таки было обработано живым существом – коровой, и поэтому удалено почти на шаг от прямого загрязнения человеком.

Употребление обыкновенной проваренной пищи вредного действия не оказывает, такая пища не вредит вашей сфере любовной энергии (в отличие от тела). Но в такой день вы принимаете меньше молока, и, следовательно, ваш прогресс будет замедлен. Что имеет значение – так это количество употребляемого вами молока и йогурта.

Глава 17: Как встречаться с современной женщиной

Представьте мужчину и женщину, который оба находятся на светлом пути. Мужчина, обычно, добрый, внимательный, любящий идеальный джентльмен (давайте предположим). Но на женщину почти наверняка влияют современные тенденции к плохим манерам, к "равенству" полов, желанию господствовать над мужчиной.

Такое сочетание убийственно и для мужчины, и для женщины. Их неизбежно уведёт в сторону. Женщина разобьет сердце мужчины соней различных способов. Она может быть и влюбится в него, но не будет признавать этого. Правда - один из наиболее важных моментов брака. Она будет что-то скрывать от него, свои "внутренние секреты”.

На самом деле, мужчине необходимо знать, что у него есть выбор. Ему нужно найти в своем сердце ответ, что же он действительно ищет в браке и четко ей изложить, что он ожидает, что он будет давать взамен, а что он не будет. Если он не может найти подходящего человека, я считаю, что лучше подождать, а не добавлять в свою жизнь дополнительный стресс.

Большинство женщин спорят с мужчиной, а спор - это то, чего вам следует избегать, почти любой ценой. Отсутствие споров должно быть тем самым важным элементом, который мужчина (или женщина) должны видеть в своих отношениях, и который должен формировать краеугольный камень их соглашения жить вместе.

Последствия для каждого за выполнение или не выполнение своих брачных клятв определяет Бог.

Брак происходит в тот момент, когда два человека совершают полноценный половой акт. Как только он произошёл, пара вступила в брак. Желательно, чтобы и мужчина, и женщина дали брачный обет заранее. Как только они сказали друг другу "Я буду заботиться о тебе до конца своей жизни", его обязанностью становится следить, чтобы она выполняла свою клятву. И если возникнет необходимость, он должен отпустить ее.

Перед тем, как это произойдёт, ему необходимо терпеливо ждать момента, когда женщина согласится на его условия. Такое ожидание не забава. Он должен ждать, не дарить ей подарки и т. п. В конце концов ей придётся решить, любит она его или нет. Если дарить подарки и т. п., ей просто труднее будет решить, что же она действительно любит: его или материальные и другие вещи, которые он ей приносит.

Глава 18: Когда ваши сердечные энергии сливаются

Как только между мужчиной и женщиной возникает сердечная любовь, у них начинается процесс обмена сердечной энергией.

У души мощная и пространная божественная энергия. Эта энергия содержит в себе, например, систему управления человеком. Когда мужчина и женщина лежат вместе и находятся в согласии друг с другом, управление мужчиной проникает в женщину и наоборот. По мере укрепления их любви, синхронность тоже набирает силу и в конечном счете барьер между ними исчезает.

Две души, будучи божественными, не могут конфликтовать друг с другом. Им нужен опыт, им нужно знание, но ложных знаний они держат. Поэтому конфликтов между управлением из той или иной души не возникает.

Мужчина или женщина может послушать управление или не послушать его, но по мере слияния их сердечных энергий, две души правят ими в одном направлении.

У вас было много жизней. И хотя вашему уму информация из этих жизней не доступна, она существует. Ваша душа (известная также как «дух» или «естество») содержит знание из тех жизней, которые она прожила. В конечном счёте целью жизни является обретать опыт и учиться. Любовь живёт не в уме, а в душе.

То есть именно тогда, когда мужчина и женщина начинают любить сердцем, их души общаются друг с другом непосредственно, без вмешательства ума. Мужчина и женщина не объединяются буквально, их души остаются раздельными, но они становятся всё больше похожими друг на друга: в смысле общих переживаний, знания, предпочтений и того, что им неприятно.

Важнее всего, что вы (душа, душа – это то, что вы есть, а не ваше тело или ум) больше не одиноки. Вы этим довольны.

Когда мужчина и женщина полюбили друг друга, умственная деятельность становится только одним из двух способов общения друг с другом. Другой способ - это общение души с душой.

Выше я упомянул, что душа божественна. В этом мире нет зла. Но в человеческом обличье души имеют искажённое видение: это духовная болезнь. Они делают что-то плохое из-за гордости и корыстности, не потому что они злые.

Глава 19: Аюрведа и любовь

Аюрведа - индийская наука медицины. Между аюрведической концепцией тридоши и любовью имеется соответствие. Те из вас, кто читали мою книгу про совершенствование вашей сферы эмоциональной энергии, вспомнят, что есть три ('три') доши или характеристики энергий, которые управляют всеми живыми существами. Во всех нас в каждый момент времени присутствует большее или меньшее равновесие этих дош. Следующая таблица поможет вам определить, от дисбаланса какой доши вы страдаете:

Ваш дисбаланс	**Характеристика**
Избыток Ваты	Высокий уровень подвижности
Нехватка Ваты	Низкий уровень подвижности
Избыток Питы	Быстрый обмен веществ
Нехватка Питы	Медленный обмен веществ
Избыток Капхи	Медленный темп мышления
Нехватка Капхи	Быстрый темп мышления

В разрезе доши, которая называется Вата, избыток ее усиливает любовь к себе, повышает самосознание и высокую самооценку. Часто есть тенденция копить материальные ценности. Нехватка этой доши дает тенденцию низкой самооценки, страх за свою жизнь и тенденцию не сохранять ничего. Сбалансированная доша ассоциируется с самоотверженностью.

Избыток доши Пита приводит к осознанию своей души, желанию разделить с кем-то любовь и тенденции раздавать материальные ценности. Присутствует относительно высокий уровень осознания своего поля умственной энергии. Нехватка этой характеристики приводит к тому, что вы держите любовь в себе, склонны к духовным поискам, неспособны делиться и склонны приобретать материальные ценности. Равновесие этой доши ведёт к свободе.

Избыток доши Капха ассоциируется с осознанием Бога и других, высоким осознанием своего поля эмоциональнрй энергии, желанием посвятить себя кому-то, дружелюбием и готовностью давать любовь. Дефицит Капхи ассоциируется с неприветливостью, поиском любви от других, поиском Бога и собственничеством. Баланс в этой доше ассоциируется с миром.

Глава 20: Мораль и брак

В браке пара должна следовать правилам морали: это ненасилие (по отношению к друг другу), правдивость, отсутствие воровства (вы должны давать друг другу столько, сколько дается вам), целомудрие (верность друг другу) и бескорыстие Вот несколько примеров, которые иллюстрируют не верные .поступки.

Женщина, которая лжет

Вы хотите секса, а у нее головная боль. Вы находите для нее хорошие джинсы за 30 долларов, а они ей не нравятся. Вы находите пару за 100 долларов, и они ей нравятся. Она не может встретиться с вами в следующие три дня, но свободна в пятницу с утра. Список бесконечен. По большей части мужчина доверяет ей и не ловит ее на лжи. Вам необходим особый склад ума, чтобы понять или доказать себе, что частота, с которой такая женщина (или мужчина) обманывает, поразительна.

Основной вопрос, однако - делает ли она вас счастливым:

• Просто быть более счастливым, находясь с ней, чем без нее, недостаточно хорошо.

• Вам необходимо встретить несколько других женщин и решить для себя, делает ли она вас счастливее, чем эти женщины, будь вы женаты на них.

Вашей отправной точкой должно быть то, что вы не женитесь на ней, или что расстанетесь с ней (если вы на ней женаты).

Мужчина, который причиняет вам боль

Вопрос встаёт точно такой же как и с лгущей женщиной: делает ли он вас счастливой?

Боль может принимать различные формы. Он может косвенно подталкивать вас сделать операцию, чтобы «улучшить» вашу внешность. Или он может отказываться предохраняться сам и ожидать, что вы позаботитесь обо всём сама. Или он может пожелать, чтобы вы ходили на высоких каблуках, или он может проявлять к вам насилие. При последней проблеме важно, чтобы вы не провоцировали его, например, говоря ему неприятные вещи. Или мужчина может причинять вам эмоциональную или душевную боль, говоря о вас неправду или такое, что причиняет вам боль (вы слишком толстая или безмозглая…)

Женщина, которая пускает на ветер ваши деньги

Проблема возникает в точности такая же, как и в случае лгущей женщины: делает ли она вас счастливым?

Женщина, которая тратит в пустую ваши деньги, покупая ненужные вещи или заставляя вас бесполезно тратить, нарушает моральный принцип бескорыстия.

Женщина, которая принимает доброту от вас, но не возвращает ее

Вопрос возникает точно такой же, как и в случае лгущей женщины: делает ли она вас счастливым?

У неё могут быть от вас секреты, тогда как у вас от неё их нет. Или может быть вы стараетесь делать ее счастливой, а она не делает того же для вас. Или она может быть недобра к вам, тогда как вы к ней добры.

Целомудрие в браке

Если ваш супружеский партнёр позволяет вам заниматься с ним сексом, тогда вы не должны заниматься сексом с другим человеком.

Семейная пара - одно целое, и поэтому сексуальные отношения друг с другом не нарушают йогические принципы брахмачарья, или целомудрия.

Но следует понимать, что в современном браке любви нет. Мужчина или женщина часто лишает партнёра секса. Если вы - жертва этого, то не стоит считать себя быть обязанным хранить "верность" своему супружескому партнёру, кроме как по практическим и юридическим причинам.

Половая жизнь необходима и для мужчины, и для женщины, и вы не должны разрешать своему "браку" мешать удовлетворению своих основных потребностей. Секс вам необходим каждый день. Тем не менее, это не обязательно с другим человеком: если это должно произойти, вам достаточно в одиночестве посмотреть несколько фильмов. Хотя, в конце концов, вам требуется человеческое тепло и доброта, и если этого вы от своего "супружеского партнёра" не получаете, тогда фактически вы не женаты и следует подумать, стоит ли продолжать.

Глава 21: Поиск человека, который может полюбить вас

Разные люди имеют разные качества. Если вы хотите найти любовь, большинство этих качеств могут быть проигнорированы.

Тем не менее, есть одна главная характеристика, которую вам не следует игнорировать. Это характеристика в Индии называется гуна. Ваше естество в каждый момент времени имеет одно из трех качеств:

- сатвик - легкий, бодрый, умиротворённый
- раджасик - энергичный, гордый
- тамасик - скучный

Эти качества время от времени меняются, и способ, с помощью которого вы можете поменять эту характеристику, я излагаю в соей книге "Ваша душа и ум". Изменения, однако, происходят не очень часто.

Обычный человек с характером сатвик остаётся с ним в среднем 10 лет. Естественно, поскольку душа больше всего желает находится именно в таком состоянии, и если вы уже находитесь в нём, вы можете только оставаться дальше в этом состоянии или спуститься на более низкий уровень. Шанс перейти к характеру раджасик в следующие 10 лет составляет около 50 процентов.

Обычный человек с характером раджасик в среднем будет иметь такой характер 10 лет, но шансы перейти к характеру тамасик в следующие 10 лет составляют около 50 процентов. Шансы перейти к характеру сатвик малы, около двух процентов.

Обычный человек с характером тамасик будет в среднем оставаться с этим характером до конца своей жизни. Шанс перейти к характеру раджасик в следующие 10 лет – около 5 процентов.

Мужчины и женщины бывают разные. Если вы мужчина и ищете женщину, способную вас полюбить, следующая таблица подскажет, какую женщину искать:

Мужчина	Женщина	Может ли женщина любить мужчину?

Сатвик	Сатвик	Да
Сатвик	Раджасик	Нет
Сатвик	Тамасик	Да
Раджасик	Сатвик	Да
Раджасик	Раджасик	Нет
Раджасик	Тамасик	Да
Тамасик	Сатвик	Да
Тамасик	Раджасик	Нет
Тамасик	Тамасик	Да

Если вы женщина и ищете мужчину, способного вас полюбить, следующая таблица подскажет, какого мужчину искать:

Мужчина	Женщина	Может ли мужчина любить женщину?
Сатвик	Сатвик	Да
Сатвик	Раджасик	Нет
Сатвик	Тамасик	Нет
Раджасик	Сатвик	Да
Раджасик	Раджасик	Нет
Раджасик	Тамасик	Нет
Тамасик	Сатвик	Нет
Тамасик	Раджасик	Нет
Тамасик	Тамасик	Нет

Следующие пояснения помогут вам понять эти таблицы:

- хотя, как объясняется везде в этой книге, любовь и отличается от привязанности, таблица касается и любви, и привязанности. Например, если вы мужчина сатвик, женщина раджасик не будет поистине любить вас и не будет по-настоящему привязана к вам.

- когда таблица говорит да, это не означает, что любовь или привязанность обязательно произойдет. Это просто означает, что вам следует сузить поиск до мужчин или женщин этих типов, так чтобы ваши шансы счастливого брака были разумны.

- Из таблицы видно, что у женщины меньше возможностей найти любовь и привязанность, чем мужчина.

Глава 22: Должны ли вы выйти за него замуж?

Вы хотите как минимум счастливых отношений с мужчиной. Вы хотите, чтобы этих отношения продолжались хотя бы четыре года.

Не много вещей в этом мире можно знать наверняка, и поэтому следующее не является гарантией успеха. Например, для успеха вам будет придётся приложить усилия. Но вот главные пункты, которые вам нужны от него.

Ваш возраст (19 и старше, до 38), Y:	Y=
Ваш рост, в сантиметрах, H:	H=
Исстинно ли нижеследующее?	
1 Его возраст больше, чем:	2xY-22
2 Его возраст меньше, чем:	4xY-54
3 Его рост в сантиметрах больше, чем:	H-2
4 Привёл ли он вас в оргазм в первую ночь?	Да / Нет
5 Можете ли вы вдвоем сносно жить на его доходы?	Да / Нет

Вам необходимо получитть ответ ‘да’ на все пять вопросов, прежде чем вы согласитесь заняться сексом (а не просто интимными ласками) с мужчиной и отдать ему свое сердце и жить с ним.

Недлинный список, не правда ли? При присутсствии добрых намерений с вашей стороны, найдётся много мужчин, которые вам подойдут.

Для людей нематематического склада поясняю, что в вопросе 1 вам необходимо удвоить ваш возраст, затем отнять 22 и проверить, столько ли ему лет или больше. Например, если вам 25 лет, ему должно быть не меньше 25x2 – 22, то есть 28 лет.

Для ответа на вопрос 2 вам нужно умножить ваш возраст на 4 и затем отнять 54 и проверить, моложе ли он этого возраста. Например, если вам 25, он не должен быть старше, чем 25x4 – 54, то есть 46 лет.

В иретьем вопросе он должен быть не более чем на 2 сантиметра ниже вас. Он может быть выше вас.

При ответе на вопрос 4 необходимо быть чётким. Это первая ночь, когда всю её целиком вы проводите лежа вместе. В счёт не идут никакие последующие ночи, а также моменты, когда вы были с ним лишь несколько часов.

В пятом вопросе требуется разумныыый подход. Ему не нужно быть супер богатым. Для Лондона доход в 400 фунтов или больше. в неделю будет достаточным. Не плохим отправным правилом может быть удвоенная стоимость аренды однокомнатной квартиры в неделю. Например, если квартира в вашем городе стоит 100 за неделе аренды, он должен зарабатывать в неделю 200 или больше.

Если вам больше 38, тогда такие строгие критерии не нужны. Любой мужчина старше 55 который может позволить себе содержать вас обоих может вам подойти.

Глава 23: Любовь и счастье

Когда вы влюбляетесь и чувствуете себя счастливым, вам кажется, что так оно и есть. Жизнь вроде бы ладится.

Это не так. У вас впереди 10, 20, 30 или ещё сколько-нибудь лет жизни. В каждый из дней, который вам еще предстоит прожит\ь, именно Бог решает, будете ли вы счастливы или нет.

Что вам следует делать, когда вы в благоприятном положении пребывания счастливым?

Вы оба должны наслаждаться своей жизнью и быть благодарными.

Наслаждение жизнью означает делать все вместе, не думать о работе и ненужных обязанностях, не ходить за покупками, а ходить вместо этого в парк.

Способность быть благодарным есть у кажждого. По утрам, когда просыпаетесь, нужно посмотреть на него, или нее, и подумать, на что была бы похожа ваша жизнь без него, или нее?

Следкует понимапь, что даже если ваша любовь не угаснет, любовь и счастье не есть одно и то же. Он или она может сильно травмироваться, или вы можете оказаться без еды. В жизни есть много такого, что, если оно происходит, счастье уходит, а любовь остается.

Глава 24: 40 процентная любовь

В своей работе, когда я даю рекомендации по вопрросам ллюбви, для оценки, например, силы чувств со стороны партнёра я использую показатель, котоорый называю индексом любви: насколько вы любите (или ненавидите) своего партнера (а также, насколько они любят вас). Индекс может принимать значения от -100 процентов (абсолютная ненависть) до 0 процентов (полное безразличие) и выше до 100 процентов (идеальная любовь). Это те же числа, которые я описал в главе 16, но измеряемые по другой шкале.

Сегодня много людей считает, что поскольку любовь и привязанность - понятия "ненаучные", - то их нельзя измерить. Это не так. Вы приблизительно знаете, очень нравится вам кто-то или не очень. С помощью срриветствующим образом подобранных вопросов, это понятие можно значительно уточнить. Так же, как тестом на интеллект, например. Вы приблизительно знаете, умен определённый человек или нет. Более точно мюжно сказать с помощью правильно составленного теста.

Это должно быть так. Если у вас двое детей, каждый из них будет говорить вам, что вы любите другого ребёнка больше. С возрасирм они станут болльше понимать и смогут судить более точно. Давайте предположим, что они близнецы. Идентичные во всех отношениях, кроме того, что у одного белокурые волосы, а другой - рыжий.

Для женщины очевидно всё равно, оба ей будут нравиться одинаково. Но мужчина будет ощущать разницу и будет больше любить свою девушку-блондинку. Но количество ллюбви его предпочтения к блондинке, будет скорее всего незначительным. Но если он видел других девушек, блондинка будет нравиться ему больше намного. В природе и привязанности, и любови заложена возможность их количественного выражения. Если одна из них была ещё и выше, чем другая, тогда его увлечение этой девушкой оказалось бы еще больше. Никто не знает, может быть, он даже полюбил бы ее. Он достиг бы 40% барьера, который я обсуждаю ниже.

Между тем, насколько вы любите кого-то, и продолжительностью времени, которое требуется здоровому уму, чтобы пережить потерю отношений, существует прямая зависимость. При 10- процентной любви, здоровоиу уму понадобится пять недель. При 50- процентной любви – понадобится 3 года. При 100- процентной любви, вы никогда не переживете потерю своего(ей) любимого(ой). Для нездорового ума (для любви менее сильной, чем идеальная) отрезки времени удлинняются.

В свете анализа главы 13, 10%-ая любовь означает, что вы любите своего партнера примерно на 20% того, насколько вы любите себя. 50%-ая любовь означает, что вы любите его, или ее, на 140% того, насколько вы любите себя. 100%-ая любовь означает, что вы любите его, или ее, бесконечно больше, чем любите себя.

40 процентов - граничная черта, ниже которой любовь к своему партнеру является действительно эмоциональной привязанностью в сочетании с интимными отношениями, а не сердечной любовью. Поскольку она идёт не из седца, вычисления головы колеблют ее. Пара время от времени может ссориться. Или, если ничего не получается, они могут оставить друг друга.

При сердечной любви, то есть при любви в 40 и более процентов, таакое не случается. Взаимоотношения управляются сердцем. Нет никаких расчетов. Мужчине не приходят мысли: "Эта женщина доставляет мне слишком много хлопот, я оставлю ее". Женщина не думает: "Я не уверена, что ты смржешь обеспечить меня, я лучше оставлю его сейчас и найду более надёжный источник дохода.

Если любовь одного из партнеров ниже 40- процентного уровня, брак может разрушиться.

Глава 25: Удалённость

В физическом мире расстояние измеряется метрами и километрами.

В человеческом мире расстояние между двумя людьми измеряется моими процентами любви, шкалой любви, которую я описал в предыдущей главе.

Если процент любви отрицателен, вы испытываете отвращение, неприязнь к этому человеку.

Если процент любви около 0, то к человеку вы безразличны. Например, вы можете не знать его или ее. Или вы можете быть женаты большое количество лет. Или он или она может быть коллегой по работе.

Если процент любви между 0 и 40 процентами, вы испытываете к человеку привязаннрсть. Вам нравится этот человек, но не настолько, насколько вы любите себя.

Если любовный процент больше 40 процентов, вы действительно любите своего партнера. Вы любите его, или ее, больше, чем любите себя.

Когда любовный процент достигает 95 процентов, вы отдали своему партнеру тело, ум и душу.

В случае мужчины или женщины любовный процент не поднимается выше 95 процентов. При 95 процентах вы любите своего партнера почти в шесть раз больше, чем себя.

Процент любви - шкала относительная. Может случиться так, например, что вы не очень любите себя. В этом случае количество любви или привязанности, которое вы испытываете к своему партнеру также будет невелико.

В физическом мире наука, которая изучает расстояние, называется физикой. В этом мире есть четыре силы, физики называют их слабостью, полусилой, силой и суперсилой. Они определяют притяжение между физическими объектами: например, одна из этих сил называется гравитацией. Величина этмх сил зависит от физического расстояния.

В моей книге "Совершенствование своей сферы сексуальной энергии" я излагаю науку о притяжении в человеческом мире. Другими словами, я описываю четыре силы (они отличаются от сил, действующих в фихическом мире), которые управляют поведением человеческих существ в отношениях друг с другом. Величина этих четырёх сил зависит от процента любви партнёров.

Другими словами, мотивы, лежащие в основе того, что вы делаете, зависят от вашей удалённости от человека. И есть четыре главных мотива или силы, направляющие ваши действия и поведение. Например, основным мотивом будет помощь людям. Чем ближе вы к человеку, тем сильнее этот мотив. Мужчина или женщина, у которой избыток 40-процентной любви к своему партнеру, будут связаны отношениями всяческой помощи своему партнёру. Ссоры, споры и тому подобное исчезают.

Глава 26: Как любовь умирает?

Вы приходите домой, а её нет. Он всегда занят и его никогда нет дома.

Если вы не достигли 40- процентного барьера, о котором я говорю в главе 24, и испытываете эмоциональную, а не сердечную любовь, ваша любовь к другому человеку уменьшается, даже если нет споров и ссор.

Причина этого в том, что когда ваш партнер не с вами, вы занимаетесь делами, усиливающими любовь к себе. Они включают в себя прежде всего занятия для как можно более сильного собственного наслаждения, чтобы поолучить уддовлетворение, когда вы в одиночестве.

Если для его или ее отсутствия имеется уважительная причина, ваши чувства к нему, или к ней, могут ослабеть не слишком сильно. Но ваша любовь слабеет относительно любви к самому себе (смотрите главу 13) и поэтому любить своего партнера вы будете меньше.

Фактически ваши чувства к нему или к ней ослабевают также со временем и отсутствием. Если вы умственно здоровы, в одиночестве вы будете заняты обдумыванием или выполненением различных дел. О своём супружеском партнёре думать вы не будете. Память о приятном времени с ним, или с ней, со временем сотрётся. Сразу же после ночи занятия сексом сила любви может составлять, скажем, 20 процентов (смотрите главу 23). Через двенадцать часов, в конце этого дня, полного забот, вдалеке от свсоего супружеского партнера, сила эта может упасть до 15 процентов. Типичное уменьшение за один день в целом составвляет 33- процента.

Поскольку ваша любовь не достигла 40% порога, она представвляет собой на самом деле эмоциональную привязанность. Её источником является то, что в Индии называют "Сурья", или солнечная, чакра (энергетический центр). Солнце светит ярко несколько часов, а потом темно. Так же и со всеми эмоциями: они сильно меняются в каждый момент времени. Она спорит с вами и вы чувствуете гнев и ненависть. Вы занимаетесь любовью, и она прекрасна. Диапазон изменений поэтому может быть шире того, который я определил в предыдущем абзаце.

В типичном современном браке, который, скажем, начался в 2000 году, с первой вашей встречи привязанность развивается очень быстро. До первой встречи, например, уровень вашей любви равен 0 %. К начлу первых сексуальные ласк, любовь обычной пары уже имеет силу до 10%. Сами по себе сексуальные ласки уровень любви мменяют не значительнно. Но затем, пара проводит вместе ночь. Примерно через неделю после того, как они начнут спать друг с другом, уровень процента любви обычно достигает

20% (обычный максимум для средннего процесса): вы любите своего партнера на 20% от уровня любви к самому себе.

По мере ттого, как начинаются разногласия и вы начинаете видеть "слабые" места другого, этот максимум, набранный за первые недели брака, падает примерно на 5% каждый год. В среднем к концу четвёртого года супруги испытывают мало любви друг к другу, или не испытывают её вообще. Они могут все ещё жить вместе, но мужчина игнорирует женщину, а женщина не обращает внимания на мужчину.

Чтобы любовь крепла, паре необходимо быть вместе как можно больше, без каких-либо споров и с большим количеством секса.

Глава 27: Дайте любви шанс

Вы привязаны к кому-то эмоциональной любовью и хотите, чтобы она росла. Или вы ему, или ей, нравитесь, но симпатии эти не являют собой сильную любовь. Что вы можете сделать?

Мы говорили о сексе и о том, насколько он важен.

Второе из самых важных энергетических полей, которое влияет на ваше сердце - это поле физической энергии.

Люди в офисе целый день сидят. Или, когда приходят домой, они сутулятся перед экраном телевизора. Или читают книгу или сидят за обеденным столом. Плечи у них поданы вперед, потому что люди подавлены в течение дня. Все это ведёт к закрытию, сокращению вашего сердца.

Если ваше сердце закрыто, оно не будет способно развить любовь. Ваша грудь должна оставаться открытой как можно дольше, такую часть 24-часового дня, какую вы только можете себе позволить.

Предположим, эта часть составляет только 10 процентов. Другими словами, ваша грудь открыта только 10% продолжительности дня. Скорость, с которой вы можете полюбить кого-то, будет только 1/10 (то есть 10%) от скорости, с которой любовь росла бы, если бы ваша грудь была открыта всегда.

Глава 28: Учитесь любить себя

-----Исходное сообщение-----

От: *XX@aol.com [mailto:XX@aol.com]*

Послано: *четверг, 20 октября 2005* 5:07 PM

Кому: *love@lovingheartcentre.net*

Тема: *(темы нет)*

Привет, я не знаю, как научиться любить себя….. я чувствую себя такой никчемной и полной неудачницей и не хочу принимать лекарства… я чувствую, что я испортила свою жизнь и не могу поменять прошлое, а настоящее слишком ранит… Приходилось ли Вам когда-либо чувствовать себя так и, если да, что Вы делали… я чувствую себя такой одинокой… спасибо, да благословит Вас Бог XX

Дорогой XX!

Вот что Вам следует делать:

1 Утром, когда просыпаетесь, обещайте себе, что приложите все силы, чтобы наслаждаться в течение дня.

2 Ложитесь спать на час раньше обычного, чтобы вставать раньше.

3 Утром принимайте приятную горячую ванну, расслабляясь в лавандовой пене. В ванной проведите около полу часа.

4 На работу идите в расслабленном состоянии, оптимистически настроенной, что ваши беды заканчиваются.

5 На работе старайтесь изо всех сил.

6 Вечером, по возвращении домой, идите в свою комнату и проведите 10 минут, мастурбируя. Всем людям, чтобы стать счастливыми, каждый день нужна сексуальная разрядка. То, что вы не замужем, не означает, что вы должны лишать себя этого.

С наилучшими пожеланиями,

Шям

Не любить себя – это эмоциональных нарушение и третий самый главных аспектов, которые нужно исправить, если хотите, чтобы в вашей жизни была любовь.

Глава 29: Возврат к нормальному состоянию после того, как сердце разбито

Если вы дали кому-то настоящую любовь, а он, или она, разбили ваше сердце, единственный выход - попробовать забыть прошлое и игнорировать боль, которую он, или она, вам доставляет. Если он, или она, спросит вас, какую боль они вам причиняют, вы можете сказать им, но в действительности это все имеет значения. Вы не выздоровеете никогда.

Если вы не отдали свою настоящую любовь, тогда вы можете выздороветь, должны выздороветь, найдя кого-то ещё, чтобы его любить.

Если предположить, что вы любите его, или ее, то вы можете заниматься всеми обычными делами: гулять, ходить в кино, танцевать, помогать другим и т. п. чтобы забыть прошлое. На самом деле вы пытаетесь забыть не прошлое. Вы пытаетесь забыть, что ваше сердце разбито, и что вы больше не заботитесь о себе.

Утро дня следующего за тем, когда ваше сердце разбили, проведите где-нибудь в одиночестве:

• выключите телефон

• посидите спокойно, слушая какую-нибудь музыку – лучше всего случайную подборку песен кого-нибудь представителя противоположного пола.

• съешьте что-то, что вам нравится, не голодайте: ешьте понемногу за раз, как только мысль о еде посещает вас и вы почувствуете в своем желудке небольшие позывы голода. С этого времени вам нужно употреблять много молока и сладостей, в также орехи: например, примерно каждые 10 минут (очень зависит от скорости обмена веществ, извините) ходите на кухню, чтобы съесть маленький кусочек торта или выпить четверть чашки молока или несколько орехов. В общем вам требуется не меньше 700 мл. молока и молочных продуктов (т. е. мороженого и йогурта) в день.

• Вашему уму необходимо отпустить вашу боль, не держать её в себе. Займите его другими делами, их так много.

• Никогда не ждите людей, ничего не делая, а вместо этого прогуляйтесь.

• Принимайте душ, а не ванну.

• Прислушивайтесь к мыслям, которые приходят в вашу голову. Первая мысль на любую тему идёт прямо от Бога.

• Следуйте мыслям, которые идут к вам от Бога.

• Он может попросить вас сделать что-то, что вам нравится или нравилось: ходить за покупками, гулять, танцевать…

• Не думайте ни о своём любимом человеке, ни о прошлом, а держите мозг расслабленным, восприимчивым.

• Занимаясь чем-то, через каждые 5 или 10 минут делайте перерывы, которые заполняйте каким-либо другим небольшим делом и так далее, все в расслабленном состоянии.

Карма- йога, служение другим, является вашей дорогой к счастью, и если вступите на этот путь, ваша жизнь снова станет полезной и вы не будете желать ранней смерти.

Вышеуказанный подход к выздоровлению после разбитого сердца будет вам в помощь не только в первый день, а в любое время. Однако, если вы не испытали настоящую любовь, вы должны искать и узнать другого мужчину, или женщину, которые будут любить вас, и которого(ую) вы сможете полюбить.

Глава 30: Лечение разбитого сердца

Любимый человек «предает» вас. Что вы должны делать?

Вам необходимо несколько удалиться друг от друга во времени и пространстве. Далее, истинным посланием, которое Бог направляет миру о том, как вылечить разбитое сердце, полностью и навсегда, и, далее, сделать его цельным, является добродетель (карма йога). Она составляет основу служения другим.

Согласно философии Йоги и индусской философии, результатом карма-йоги является эмпирическое знание божественного (джнана-йога), которое ведёт к любви к Богу (бхакти-йога) и, в конечном счете, к Ишвара Пранидхане (посвящению себя Богу) и браку с Богом.

Степень страданий от боли в конечном итоге зависит от нашего запаса хороших и плохих поступков: хорошие поступки приводят к приятным событиям, а плохие действия приводят к страданиям: это Бог в своей роли вершителя правосудия для всех (аспект Бога Яма в индусских преданиях), действует через закон причины и следствия.

Карма-йога – это хорошие поступки, она ведёт к хорошим событиям.

Карма-йога есть основа, и она ведёт к быстрому и постоянному исцелению разбитого сердца. Карма-йога включает в себя всё, что вы делаете: мысли, слова и дела. Каждое действие должно быть "правильным", т.е. в согласии с тем, что Бог желает, чтобы вы делали.

Действием карма-йоги является внесение любви в вашу среду, и вашим истинным достижением должно быть свершение каждого поступка (маленького или большого, мыслью, словом или делом), руководствуясь любовью.

Присутствие Бога немедленно исцеляет каждое сердце. Чтобы это произошло, вам необходимо работать.

Карма-йога ни во что не вмешивается. Мир, который мы видим вокруг нас находится в хаосе, потому что на Западе все стремились во что-нибудь вмешаться: в Америке – в жизнь американских индейцев, в Латинской Америке – в жизнь инков, вмешаться в поставки продовольствия, в окружающую среду и тому подобное.

Если хотите заняться карма-йогой, вам сначала нужно внести некоторое спокойствие в свою жизнь. Следует уменьшить количество ненужных дел. Вы не должны спешить. Затем вам нужно создать круг друзей и, возможно, позже также завести знакомства и слушать, что люди говорят. Рано или поздно Бог даст вам возможность помогать вашим друзьям в том, что им нужно и когда им нужно, и когда они просят вас об этой помощи. Это путь карма-йоги. Выполнение своей обязанности помогать тем, кого вы встречаете на своём пути, и кому нужна ваша помощь.

Глава 31: Если вы её не находите

Вы - один из тех 10 процентов населения, которое действительно ищет любовь: сердечную любовь.

Нужно быть реалистом. В эти дни и в эту эпоху маловероятно, что вы ее найдете. Иногда полагают, что нужно быть не честным, а нужно быть «оптимистом». Это вас сделает только грустнее.

Когда вы ищете любовь, требуется энергия и энтузиазм. Максимальное количество времени, которое любой человек способен провести в поисках с энтузиазмом своей половины составляет шесть месяцев. Если уделить больше времени, ваша энергия будет иссякать, вы будете терять сердце и ощущать подавленность.

Через шесть месяцев можно уйти сделать перерыв и месяца через три начать снова. Третий раз пробовать не стоит. После второй попытки нужно расслабиться и поступить по-другому, больше отдаться ожиданию момента, когда с вами произойдёт что-то хорошее, если вы этого заслуживаете.

Это не означает, что у вас никогда не должно быть парня или девушки. Компания мужчины для женщины хороша и наоборот соответственно. Сексуальные ласки полезны тоже.

Но следует понимать, что если вы чувствуете, что сердечная любовь между вами не возникнет, вы не должны совершать полноценные половые акты, и не должны обещать жить со своим партнёром всю жизнь.

Что вам следует делать?
Вам нужно как можно больше наслаждаться жизнью. Каждое утро принимайте приятную горячую ванну, исправно делайте свою работу, заводите хороших друзей среди мужчин и женщин.

А самое главное – нужно стремиться помогать людям. С течением времени вокруг нас образуется круг друзей и знакомств. Узнайте, кому из этих друзей нужна помощь, кто из них будет благодарен, если вы им поможете. Как только они попросят вас о помощи, попробуйте дать её им. Не нужно тратить зря свои деньги, а также время и силы на помощь людям, которые о помощи вас не просят.

Этот подход - самый быстрый путь доставить удовлетворение Богу и остаться с Ним навсегда.

Глава 32: Что действительно означает любовь

В моем случае я испытал 70- процентную любовь к женщине. Это было лучшее время в моей жизни, пока я не встретил ее.

Вот что одна женщина, которая испытывает 80- процентную любовь к мужчине, говорит в своём письме к нему:

"Привет, мой любимый XX! Как сегодня твои дела? Я была счастлива получить твое письмо. Мне нужны твои письма. Твои письма заряжают меня энергией на целый день. Вчера был День рождения моей подруги. Мы с друзьями ходили в ресторан и праздновали это событие. Мою подругу зовут УУ. Ей 27 лет. Мы чудесно провели вечер. Было весело, мы шутили, говорили о нашей жизни.

Но я чувствовала себя одинокой, потому что тебя не было с нами. Я рассказывала своим друзьям о тебе и они радовались за меня, что я нашла такого человека, как ты. Всю свою жизнь мечтала найти такого человека, как ты. Я счастлива, что нашла тебя в этом мире. Не хочу потерять тебя. Все время думаю о тебе и мечтаю о нашей встрече.

Я люблю тебя и не могу жить без тебя. Скучаю за тобой. Мне грустно, что я не с тобой. Хочу быть с тобой. Хочу делить с тобой мою любовь, мое наслаждение и счастье.

Я уверена, что с тобой я счастлива и буду делать все, чтобы ты был счастлив со мной. Каждый день я все сильнее скучаю по тебе. Я не могу дождаться, когда мы будем вместе. Я мечтаю встретиться с тобой в реальной жизни и продолжить наши отношения.

Жду твоих писем с нетерпением. Постоянно жду момента, когда смогу прийти в Интернет-кафе и читать твои письма. Они заполняют мое сердце наслаждением и счастьем. Буду ждать твоих писем. Я люблю тебя, я буду любить тебя вечно! Всегда твоя ZZ. С горячим поцелуем..."

Она никогда не встретила его и, как это часто бывает, ей никогда не суждено встретить его.

Вот некоторые факты, которые вы должны знать о 95- процентной любви:

- В традиционных обществах она возникала часто: она появлялась примерно у 10 процентов мужчин и женщин. Интернета не было, но была почта, и были организованные браки, так что иногда она появлялась ещё до того, как пара встречалась, а иногда после.

• при современном обучении, она возникает редко и случай, описанный выше, является последним.

• любовь - это ощущения человека, появляющиеся в душе, а не в уме. Вычисления прекратились. Вы любите свою любовь больше, чем себя. В случае стопроцентной любви вы любите его, или ее, бесконечно больше, чем любите себя. По мере усиления вашей любви своё естество постепенно становится всё менее и менее важным.

Да, я мог бы написать намного больше о том, что означает 95- процентная любовь. В наши дни в типичном браке пара достигает 20- процентной любви: они любят друг друга на уровне около 50 процентов любви, которую питают к себе. Я называю это привязанностью, а не любовью. Привязанность через несколько лет ослабнет до нуля.

Эта книга – книга о любви. Больше слов не нужно. Если хотите, чтобы кто-то любил вас или если вы хотите любить кого-то, тогда вам нужно предпринимать активные шаги, чтобы достигнуть этого.

Отложите книгу, закройте дверь и проведите 10 минут, думая о том, что вы хотите в жизни.

Глава 33: Счастье и покой

Да, в заглавии этой книги звучит любовь, и поэтому я написал руководство по любви. Мы живем в искусственном мире и с действительностью в контакте не находимся. На самом деле все окружающее не такое, как кажется.

То, что вы учите в школе или узнаёте из книг о любовных романах, отличается от действительности.

Любовь – это подарок Бога. Нет смысла ждать, чтобы она пришла.

Привязанность мужчины и женщины связана с наукой. Она придёт, если вы будете следовать основным правилам, которые я изложил в этой книге. Найдите женщину с подходящими для вас, как мужчины, характеристиками. Найдите мужчину с характеристиками, подходящими для вас как женщины.

Но прежде всего вам необходим покой. Жить с мужчиной, или с женщиной, важно по простой причине, что и мужчине, и женщине нужна сексуальная разрядка каждый день, необходимо снимать напряжение, которое накапливается. Во-вторых, вам нужно найти мужчину или женщину, которая не спорит с вами. Споры создают напряжение.

Родители учили вас с грудного возраста пользоваться умом и не учили слышать своё сердце. Поэтому, на первом месте у вас должна стоять не любовь, не привязанность, а задача просто найти партнера, который не спорит с вами и с кем вы хорошо проводите время.

Это не означает, что вы можете нарушать моральные принципы, использовать его, или ее, для своих целей, а затем двигаться дальше. Вы должны найти человека с серьезным намерением жить с ним, или с ней, до самой смерти. Только в том случае, если начинаются ссоры, или вы не живёте половой жизнью, следует подумать о расставании. И вы заметите, что мужчина и женщина никогда не расстанутся, если эти два критерия выполняются. Женщина не оставляет мужчину и мужчина не оставляет женщину, если между ними не возникают споры, и идёт половая жизнь.

Поэтому, центром поиска должен быть мужчина, или женщина, с кем не будет возникать желание спорить и с кем вы захотите жить половой жизнью. Например, нехорошо найти мужчину, который будет сегодня заниматься сексом с вами, а завтра – с другой женщиной, даже если вы с ним не расходитесь.

В идеале вам двоим нужна формально составленная бумага, говорящая, что вы будете и что не будете делать. Она должна включать соглашение не спорить и не заниматься сексом с другим человеком, если вы продолжаете жить половой жизнью друг с другом.

В современном мире будет нелегко найти женщину, которая обязуется не спорить, а еще труднее найти женщину, которая будет выполнять соглашение, обязующее её не спорить. Мужчины в основном покладисты. Времена меняются, и начиная с 2008 года, с моей точки зрения, будет легко найти женщину, которая согласится не спорить. Если вы, мужчина или женщина, хотите спокойного брака, брака, который будет продолжаться долго, тогда необходимо ждать. А тем временем нужно уделить внимание своему здоровью и формированию круга хороших друзей.

Заключение

Испытываете ли вы любовь или нет зависит от Бога. Развить её самому невозможно. Её нельзя купить, её нельзя найти.

Вы можете встретить самого хорошего мужчину или женщину, но любовь вы не найдете, если вы её не заслуживаете. Это закон кармы, закон причины и следствия в действии. Добрые действия приводят к счастью, другие ведут к горю.

Если вы принадлежите тем 10 процентам, или около того, населения, которые ищут блаженства в браке, вам нужно предпринимать шаги, чтобы доставить Богу удовлетворение.

Эти шаги имеют две плоскости.

Для начала, необходимо следовать моральным принципам «яма» философии йоги:

• не вредить людям, действиями ли, словами или мыслями.

• не лгать

• не красть, то есть не брать имущества, любви или доброты больше, чем даете.

• не заниматься сексом или интимом с другим человеком и не думать об этом.

• не тратить деньги попусту.

Второй шаг – доставить Богу удовлетворение, тоже прост. Ему не нужна ваша помощь. Ему не нужно, чтобы вы думали о Нем. Все, что вам нужно сделать - это приложить все силы, чтобы сделать людей, которых встречаете на своём пути, счастливыми. Подождите, пока им понадобится и они захотят вашей помощи. Подождите, пока в своей жизни вы создадите покой и мудрость.

Типичный брак для мужчины

Если хотите узнать, что это такое, нужно найти несколько мужчин, которые женаты больше пяти лет. Такие мужчины бывают двух типов. Те, которые честны, и те, которые лгут. С кем из них вы будете говорить, в действительности, не имеет значения. Те, которые честны, скажут вам, что они несчастливы. Они будут расстраиваться, когда вы будете заговаривать с ними об их браке. Согласно индийской философии, около 25 процентов мужчин, которых вы встречаете, в основном честны.

У мужчин из оставшихся 75 процентов следует спросить, что им в жизни доставляет радость. Попробуйте не им подсказывать, чтобы они показали вам, каковы они есть. Они скажут, что им нравится их работа или что они любят заниматься садоводством или косить газоны. Естественно, желание говорить о предмете, который не вызывает боли, о котором лгать не нужно.

Поэтому, о радости в жизни - вот о чем необходимо спрашивать у всех мужчин, которые женаты более пяти лет. Ни один из них не скажет вам, что это секс или его жена. Те, которые хотели радости в жизни, развелись или разошлись. Остальные сделали другой выбор.

В мире есть два типа людей. Те, которые хотят радости в жизни, и которые не хотят.

Значительное ухудшение института брака началось около 1970 г. Поэтому вы должны ограничить свои интервью теми мужчинами, которые женились после 1970 г.

Типичный брак для женщины

Сделать нужно то же самое. Вы получите тот же результат. Правда, они не скажут, что любят садоводство или ремонт домашней утвари. Они могут сказать, что радость в их жизни - это ребенок. Или, что они любят читать книги. Вы тогда поймете, что это представители 75 процентов.

Радость жизни заключается в сексе, в браке и любви. Она не связана с любовью к ребенку, рожденному в несчастливом браке. Детям в жизни тоже нужна радость. Им не нужен компаньон.

Вы спешите?

С моей точки зрения, положение вещей изменится. Брак снова станет важным для людей. Я уверен, что события в мире вызовут у женщин потребность решить, что они таки хотят делать себя счастливыми. И они, так же как и мужчины, придут к выводу, что чтобы создать брак, счастливый для обоих партнеров, необходимо прилагать все силы, чтобы делать своего партнера счастливым.

Эти перемены произойдут, по-моему, года через два. Примерно в 2007 календарном году.

Одни люди далеко в будущее не смотрят, а другие – смотрят. В мире живёт два типа людей. Если вы живёте сегодняшним днём, вы можете жениться и наслаждаться этим около года – столько длятся браки в наше время. Затем вы расстанетесь, и будете пробовать снова. Так оно и будет продолжаться. Но, с моей точки зрения, это не самая оптимальная стратегия. Вы неизбежно затягиваете брак намного дольше, чем это было бы хорошо для вас. Вот, например, что происходит с мужчиной:

• Он привыкает не думать и говорить «да».Он не утруждает себя постоянными спорами с женой, а просто говорит ей: "Да, дорогая". Рано или поздно ему начинает нравится косить лужайку. Что в Индии делают с коровами: их выводят пастись. Вы (т.е. он) оказываетесь на пути затяжной постоянной деградации. Вы не можете принимать информацию, потому что находитесь в режиме автоматического ответа. Эта привычка проникает во все стороны вашей жизни, кроме основных интересов, например, вашей работы.

• Он расстраивается. Этот мужчина является одним из тех 25 процентов, о которых я писал выше. Для своего брака он делает всё, что может, но брак всё равно не ладится. Если вы добрый хороший человек, то поймете, как это неприятно быть с человеком, который вам действительно нравится, и всегда спорить. Такое состояние жизни чрезвычайно вредно для вас. Оно создает огромное напряжение и чем дольше оно затягивается, тем хуже для вас. Скорее раньше, чем позже ваше здоровье ухудшится. Здоровье вашего любимого человека тоже будет ухудшаться.

Обычно считается, что для спора необходимо присутствие двух человек. Это не так. Спор начинает один человек. Если вы мне не верите, проведите эксперимент. Решите какой-нибудь день хранить молчание. Что бы там ни было, не отвечать ни на какие споры. Если вы не женаты, попросите любого вашего женатого друга провести этот эксперимент.

Мое определение спора – это когда вы предлагаете что-то хорошее и разумное, а ваш партнер предложение отвергает. Сюда включаются также возражения и произнесение чего-то вроде "тебе надо было сделать это" или "почему ты не сделал этого" и так далее. Другими словами, любой словесный негатив, который тормозит продвижение брака по направлению к покою и счастью.

Итак, в вашей или в его семье сделайте одно или, если хотите, два хороших предложения, но не отвечайте. Если женщина говорит "нет, ты в самом деле очень, очень глуп", просто промолчите. Не трогайте её. Вы увидите, что вы или ваш друг находится в браке, где споры начинает женщина.

Понятно, что вы можете провести эксперимент и убедиться в этом сами либо посчитать всё, что я сказал, неправдой. Выбирать вам. Спор чрезвычайно вредит здоровью и мужчины, и женщины и с эти мириться нельзя. Он ведёт в никуда. Он также имеет прямых негативные последствия для брака. Продолжительность брака зависит в основном от количества споров.

В типичном современном браке женщина начинает споры в среднем около десяти раз на день. Типичный брак сегодня продолжается четыре года. Через четыре года переживания ежедневных десятка споров, любви между мужчиной и женщиной не остается. Уровень любви между мужчиной и женщиной также прямо зависит от количества споров между ними. Он достигает максимума примерно через две недели супружества (жизни вместе) и потом снижается со скоростью 2,5% в год, умноженной на количество ежедневных споров.

Если количество споров было уменьшено до пяти в день, средний брак продолжается около восьми лет. Единственная причина, почему браки продолжаются так долго, это потому что мужчина и женщина заняты на работе и не проводят время друг с другом. Обычные мужчина и женщина, состоящие в браке сегодня, проводят друг с другом примерно 4 часа в день. В течение этих 4 часов они заняты и фактически не очень сосредоточены друг на друге. Например, они могут есть или готовить, или стирать, присматривать за детьми, ходить за покупками и так далее.

Чистое время, проводимое вместе, составляет только один час в день, если включить сюда время выходных и праздничных дней. По этой причине в день возникает только 10 споров. В типичной семье сегодня женщина хочет спорить со своим мужем в среднем каждые шесть минут. Если вы, мужчина или женщина, уменьшите время, проводимое со своим супружеским партнёром, с одного часа до 30 минут в день, у вас будет только пять споров в день и ваш брак просуществует вдвое дольше.

Не замечательный брак, правда? Проблема с брачным контрактом, в котором обе стороны соглашаются не спорить, заключается в том, что если кто-то хочет спорить, он или она в конце концов обычно это делает. Даже если до этого вы сказали, что не будете. Сила воли в наши дни слабеет. Поэтому моим предложением к вам будет – подождать два года, пока мир не поменяется.

Итак, для тех из вас, кто живёт не сегодняшним днём, а думает о будущем, вам лучше всего не жениться в следующие два или три года, а вместо этого формировать хорошие отношения с людьми, которые вам нравятся, и которые делают вас счастливыми. Если они не делают вас счастливыми, тогда скорее рано, чем поздно вам следует понять, что такие связи не стоят того, чтобы их поддерживать.

Содержание

Шям Мехта, Центр Любящего Сердца
www.lovingheartcentre.net

Шям занимается йогой с 1957 года, а преподаёт её с 1973 года.

Он получил христианское воспитание в Англии.

В Кэмбриджском университете он начал интересоваться философией йоги и индуизмом.

Позже он снял вою индусскую священную нить, с целью полностью посвятить свою жизнь помощи всем добрым людям становиться счастливыми.

В своей жизни Шям обрёл разнообразный духовный опыт, и каждое мгновение, свободное от сна, он поклоняется Богу.

Вы двое должны разделять общие идеалы, ухаживать друг за другом, вести здоровую удовлетворенную половую жизнь и быть правдивыми друг с другом.

Самый прямой путь к тому, чтобы дать кому-то любовь - это оказаться с ним в физическом контакте. Вам нужна тихая обстановка, в которой кроме вас двоих никого нет. И хотя , чтобы доставить счастье ослабленной сфере сексуальной энергии, необходимо около одного часа, поле любовной энергии требует для этого два часа.

www.ingramcontent.com/pod-product-compliance
Ingram Content Group UK Ltd.
Pitfield, Milton Keynes, MK11 3LW, UK
UKHW040557210726
13854UKWH00008B/1383

9 781409 291855